NICE
SECRET ET INSOLITE
LES TRÉSORS CACHÉS DE LA BAIE DES ANGES

CHARLES BILAS
PHOTOGRAPHIES THOMAS BILANGES

Les auteurs tiennent à remercier toutes les personnes dont l'aimable et efficace coopération aura rendu possible la réalisation du présent ouvrage :

Madame Odile Chapel et Madame Jocelyne Martin à la direction de la Culture de la ville de Nice, Madame Martine Gasquet-Daugreilh à l'abbaye de Roseland, Madame Anne Stiltz directrice du musée international d'Art naïf Anatole Jakovsky, Monsieur Louis-Gilles Pairault, directeur des Archives municipales (palais de Marbre), Madame Sylvie Lecat du musée des Beaux-Arts Jules-Chéret, Monsieur Éric Léon du théâtre de la Photographie et de l'image, la direction du MAMAC, Madame Françoise Michelizza, directrice de la bibliothèque patrimoniale Romain-Gary, Monsieur Louis Mézin, conservateur du musée Masséna, Monsieur Robert Adelson, responsable de la collection d'instruments anciens du musée du palais Lascaris, la direction du centre national d'Art contemporain (villa Arson), la direction du musée des Arts asiatiques, la direction de la villa Kérylos de Beaulieu-sur-Mer, Monsieur Ivaldi, des anciens Abattoirs de la ville de Nice, Monsieur Bourniquel, directeur départemental de la sécurité publique (caserne Auvare), la direction du Club nautique, Monsieur Régis Bourdon, directeur de la brasserie Flo, Monsieur Jean-Paul Méheut, de l'archiconfrérie de la Sainte-Croix (chapelle Pénitents-Blancs), les membres de la confrérie de la Très-Sainte-Trinité (chapelle des Pénitents-Rouges) et les membres de l'archiconfrérie du Très-Saint-Sépulcre (chapelle des Pénitents-Bleus), les responsables de l'église de l'Annonciation (Sainte-Rita), Monsieur Alexis Obolensky, de la cathédrale orthodoxe russe Saint-Nicolas, la famille Acchiardi, la famille Auer, Monsieur Benjamin Vautier dit Ben, Pascal Coletta et Jérémie Marçais de l'association « Mourra Dei Quatre Cantouns », Julien Alquier pour les joueurs de Pilou, les pêcheurs de Carras, Monsieur Jean-Pierre Bilanges, Monsieur Gérard Mermet et Monsieur Michel Steve.

© 2009 Les Beaux Jours / Compagnie parisienne du livre (Paris) et © 2011 pour la présente édition.

SOMMAIRE

INTRODUCTION 5

La vieille ville 7
Anges mystérieux...8
Boulets..10
Palais de musique 11
Le buste de Rosalinde 12
La dynastie des Acchiardi................................14
Diabolique Niccolò 15
Adam et Ève dansent au premier 16
La fenêtre de Spaggiari 17
Les trompe-l'œil de Nice 18
Une Madone pour les cas désespérés 20
Le savoureux décor d'une pâtisserie 22
Les malheurs de Lucia 23
L'escalier monumental du palais Hongran 24
La "double révolution" des Héraud 25
Comme à Paris ! 26
La Porte fausse, lieu de "passage".".............27
Saint-François des poissonniers 28
Le jeu de la Mourre et du hasard 29
Elle célèbre toujours le Mai à Nice ! 30
Un ordre peut en cacher un autre 31
Intrépide Catherine 32
On prie à l'étage 33
Sous les auspices du Pélican..........................34
Sous la Cappa rouge 36
La maison de Matisse 37
Les galeries du bord de mer 38
Une barre entre cours et mer 39
De la maison des morts..................................40
La tour qui vit naître le Corsaire 42
Le coup de canon de midi 43
Ulysse côté jardin 44

Le centre ville 45
Des palais en tous genres 46
Sérieuse dehors, décorative dedans 48
Une brasserie au cœur
 d'un ancien music-hall.................................49
Les lustres de l'Artistique...............................50
Modern Style...52
Devanture byzantine 54
T. P. T. 55
Palais industriel 56
La caverne de Ben 57
La résurrection de "l'Idéal" 58
Rite caché 59
Jardins suspendus 61
Les bœufs du palais Baréty 62
Fresques Belle Époque 63
La bibliothèque secrète du chevalier 64
Une croix peut en cacher une autre ! 65
Beauté électrique 66
Marché Art déco 67
De briques et de broc 68
L'escalier du Colisée..69
Les guirlandes de la Rotonde........................70
Les tours futuristes du Forum 71

Le port et Nice Est 73
Rauba Capeu fige l'éternité 74
La chambre du philosophe 75
Passage des antiquaires 76
La promenade du phare 77
Elle domine toujours les amiraux ! 78
Pointu 79
La salamandre de M. Forni 80
Vrais jumeaux...81
Un bastion de la modernité 82
Saut de l'ange 83
Un fortin dédié à l'aviron...............................84
Rêve méditerranéen 85
Le fil à plomb du cap des Anges 86
Folie mongole sur la baie des Anges 87
Une vieille dame mystérieuse 88
Un secours panoramique ! 89

De Nice à Villefranche,
   par le sentier de Gurnée 90
En suivant Coco... 92
Le palais de Maurice 93
Moderne, élégant et... polyvalent ! 94
Les lavandières du Paillon 95
Dentelle de béton 96
Abattoir aux artistes 97
Baroque de Saint-Roch 98
La maison des Diables-Bleus 100

Nice Nord 101
Les dômes de la Libération 102
Étals 103
Palais du rail 104
Le "Passage à niveau" 105
La source de Fuon Cauda 106
Jeanne l'Africaine 107
L'Amour au parc Chambrun 108
Guichets futuristes 109
Maison d'artiste 110
Dialogue des cultures 111
L'ange de Saint-Barthélemy 112
Les belles mauresques du Ray 113
Villas champêtres 114
Les entrelacs de Fortuné 116
Multimodal méditerranéen ! 117

La colline de Cimiez 119
Le temple du commerce 120
Atlante et cariatide 121
La maison des Nains 122
Confort moderne 123
Un Alhambra importé de Suisse 124
Les fresques de la Lézardière 125
Les deux perles du boulevard Édouard-VII ... 126
L'entrée Renaissance du château Valrose 127
L'ombre d'une souveraine 128
Arènes intimes 129
Trésor franciscain 130
Derniers jours ultramodernes 131
La belle inconnue 132

La colline de Pessicart
   et le Righi 133
Icône miraculeuse 134
Infortuné Tzarewitch 135
La Minerve du Palladium 136
Colline hygiénique 137

Les "grotesques" de la Mantéga 138
Hymne rétro 139
La saga Van Zuylen 140

Nice Ouest 141
Fausses jumelles 142
Hymne à la Méditerranée 143
Drôles d'oiseaux 144
Le grand escalier de Mrs Thompson 145
Phalanstère expressionniste 146
Les deux plongeurs de Magnan 147
Une joie pour toujours... 148
Flacon Art déco 149
Fausse abbaye, vrai cloître 150
L'empereur chez les "gothiques"... 152
Une Russe bien française ! 153
Corniche Fleurie 154
Ces fous volants... 155
Pêche miraculeuse 156
Aux mythes réunis 157
Zen 158
On tourne ! 160

Les collines 161
Un balcon sur la mer 163
Marienbad aux portes de Nice 164
Une pyramide peut cacher une grotte ! 165
Plus fort que les Turcs 166
Un jeu quelque peu chinois 167
Le coin des amoureux 168

Les environs de Nice 169
Priez pour nous, pauvres pêcheurs 170
Obscure et ogivale 171
Pâtisserie proustienne 172
Le piano à l'antique de Fauré 173

INTRODUCTION

À l'époque de mon enfance, celle où Jeanne Moreau tournait dans *La Baie des Anges* de Jacques Demy, Nice était une belle endormie, indolente sous le soleil de Midi. Les cabriolets rutilants pétaradaient sur la Promenade, et de vieilles dames dignes mais pimpantes de fard s'en allaient chercher une ultime aventure du côté du Mississippi, un "thé dansant" à la mode. L'hôtel Ruhl dressait encore ses fières tourelles et sa dentelle surannée parée d'étendards multicolores, et l'ancien casino municipal trônait toujours au beau milieu de la place Masséna, face à un bel Apollon de pierre et aux jardins Albert Ier qui ignoraient encore l'arc de Venet... Peu de temps auparavant, une bande de jeunes "échevelés" s'était regroupée autour d'une curieuse petite échoppe de la rue Tonduti-de-l'Escarène, un bric-à-brac que l'on appelait la boutique de Ben. Les ruelles étroites et fraîches du Vieux Nice fleuraient encore l'olive, le stockfish, le thym et la lavande, les façades des vieilles maisons déclinaient ces délicates nuances passées d'ocre et de rose, dues à l'heureuse patine des temps. Le Paillon n'était pas entièrement couvert : un tronçon coulait encore à ciel ouvert, entre la place Garibaldi et le parvis de l'Europe devant lequel se déployait la belle façade de verre du Palais des Expositions, ombrée d'un interminable feston de béton ondoyant. En aval, derrière les arcades du Casino, on trouvait encore la petite gare routière des Rapides Côte d'Azur, où se garaient les autocars Saviem beiges qui, de Grasse à Menton, desservaient les localités du littoral. Un peu plus loin, à la hauteur de la place Garibaldi, on édifiait un petit bâtiment cubique, qui allait faire couler pas mal d'encre et de salive : le nouveau théâtre "provisoire" de Nice. Le parvis en était orné d'un mobile de Calder, innovation ô combien hardie pour l'époque ; vouée à l'esprit nouveau qui soufflait sur Avignon, la petite boîte allait bien vite concurrencer les institutions établies, comme celle du Palais de la Méditerranée, dont les ors continuaient, bon an mal an, d'accueillir de prestigieuses têtes d'affiche.

Mais tout ce petit monde s'en est allé rejoindre dans le panthéon de l'Histoire les aristocrates russes et anglais se mêlant aux reines du monde et du demi-monde, dames qui virevoltaient dans les salons rutilants des palaces de la Belle Époque. Irréversiblement cosmopolite, Nice la belle est sans doute la plus atypique des villes françaises, et ce pour une raison évidente : elle n'est pas française ! Ou du moins, elle ne l'est devenue que par un caprice du prince qui détacha en 1860 de la botte italienne une portion du royaume de Piémont-Sardaigne.

Depuis le temps déjà lointain de mon enfance, Nice a su, sans pour autant négliger les enjeux de l'avenir, se réapproprier les atouts de son passé et retrouver un équilibre harmonieux, entre les trépidations de la vie moderne et la douceur de vivre de jadis.

LA VIEILLE VILLE

ANGES MYSTÉRIEUX…

LA BAIE DES ANGES

Pour jouir d'un panorama optimal sur la baie des Anges, montez sur la colline du Château. Pour cela deux possibilités s'offrent à vous :

→ Depuis le bord de mer, en montant sur la tour Bellanda située au bout du quai des États-Unis, juste avant le virage du quai Rauba-Capeu. Là, soit vous emprunterez l'escalier du Château longeant la tour (attention, la montée est assez soutenue !), soit vous choisirez l'ascenseur (aller simple : 0,90 €, aller-retour : 1,20 €).

→ Depuis le port : prenez la montée du château qui démarre rue Catherine-Ségurane et suivez le chemin jusqu'au bout afin d'arriver aux cimetières. Plus long si vous êtes à pied ! Le parc du château de Nice est ouvert du 1er avril au 31 mai de 8h à 19h, du 1er juin au 31 août jusqu'à 20h, du 1er au 30 septembre jusqu'à 19h, du 1er octobre au 31 mars jusqu'à 18h.

Tramway : arrêt Opéra ou Garibaldi, selon l'accès choisi.

Pour y accéder facilement, on peut aussi emprunter le petit train touristique au départ de la promenade des Anglais, face au Jardin Albert 1er, qui s'arrête sur la colline du Château (ticket : 7 €).

La superbe baie autour de laquelle se déroule le majestueux panorama de la ville tend son ample arc de cercle depuis le rocher du cap de Nice, communément nommé Rauba Capeu, jusqu'à la pointe du cap d'Antibes. Mais quels sont donc ces "anges" auxquels elle doit son nom ?
Il semblerait en fait que de simples squales soient à l'origine de cette dénomination poétique. En effet, dans les temps anciens, les pêcheurs ramenaient souvent dans leurs filets une espèce de requin inoffensif, vivant sur ces fonds, dont les ailerons perpendiculaires ressemblaient à des ailes. Ce requin n'est autre que l'ange de mer ocellé, en langage savant *Squatina angelus Dum* ou encore *Squatina oculata Bonaparte*.
Il n'en fallut pas plus pour que la baie abritant ce pacifique sélacien ne devienne la baie des Anges, un titre qui connut une belle postérité ! Cette angélique appellation s'étendait également à un pont situé à l'embouchure du Paillon, visible sur les cartes du XIXe siècle et à la future promenade des Anglais, qui était à l'origine le chemin des Anges, longeant la baie éponyme.
D'autres légendes, bien plus fantaisistes, font intervenir des anges (des vrais !), comme ceux qui ramenèrent sur le rivage le corps de sainte Réparate lorsque son embarcation s'approcha des côtes niçoises. Ou bien encore ces anges compatissants qui, dans un poème d'Alexis de Jussieu datant de 1856, conduisent Adam et Ève, chassés du paradis terrestre, sur ces rivages dont les beautés égalaient (presque) celles de ce dernier.
L'ultime mythe remonte à 1963 : *La baie des Anges* est le titre du film culte de Jacques Demy, dans lequel Jeanne Moreau et Claude Mann sont réunis par la passion destructrice du jeu, avant de l'être par la non moins dangereuse passion amoureuse...

BOULETS…

BOULET DU SIÈGE DE 1543
À L'ANGLE DE LA RUE DE LA LOGE ET DE LA RUE DROITE
TRAMWAY : ARRÊT CATHÉDRALE/VIEILLE VILLE

Outre le fait d'avoir définitivement assuré la gloire posthume de la sympathique Catarina Segurana, le siège mené en 1543 (voir p. 32 et 166) par la flotte turque contre la bonne ville de Nice a pour mérite, et non des moindres, d'avoir essaimé sur les parois de la vieille ville une quantité de boulets tirés depuis les vaisseaux de l'armée du Pacha. On en rencontre ainsi une demi-douzaine au hasard des pérégrinations dans les ruelles de la vieille ville : sur la façade de la chapelle du Saint-Sépulcre, dans l'église Saint-Martin-Saint-Augustin, à l'angle des rues de l'Abbaye et Colonna-d'Istria. L'un des plus fameux est celui qui est encastré dans le mur d'un immeuble formant l'angle de la rue de la Loge et de la rue Droite. Bien sûr, les esprits rationnels répliqueront que ces projectiles ont adopté une trajectoire peu banale pour atterrir, propulsés depuis la mer, au niveau du premier étage d'une maison en comportant une demi-douzaine et sise de surcroît dans une rue fort étroite ! Mais le patriotisme obéissant plus aux règles de l'affect qu'à celles de la raison pure, on peut bien admettre que…
Au sujet de la rue de la Loge, notons qu'au XVe siècle existait un palais communal, doté d'une loge dite "de la citerne", à laquelle conduisait, dans sa partie haute, la rue de la Loge actuelle, d'où son nom. Le palais communal fut détruit au début du XVIe siècle, et la loge disparut avec lui.

PALAIS DE MUSIQUE

PALAIS LASCARIS
15, RUE DROITE
TRAMWAY : ARRÊT CATHÉDRALE/VIEILLE VILLE
MUSÉE DES INSTRUMENTS ANCIENS
Tél. 04 93 62 72 40. Ouvert tous les jours sauf le mardi de 10h à 18h. Entrée libre.

Le palais Lascaris est sans conteste le joyau de l'architecture civile baroque du vieux Nice. Édifié à partir de 1657 pour les Vintimille-Lascaris, et largement remanié au XVIIIe siècle, le palais s'insère avec bonheur dans un tissu urbain des plus contraignants, constitué de rues étroites et hautes. Le sobre ornement de la façade met en exergue de façon subtile la différenciation des niveaux : l'étage noble est caractérisé par de hautes fenêtres à fronton, des balcons à balustres aux consoles agrémentées de faunes dont les visages semblent fixer le promeneur qui lève la tête vers eux. Une fois gravi le majestueux escalier décoré de fresques, on découvre avec enchantement la splendeur décorative des appartements d'apparat aux plafonds recouverts de scènes mythologiques. Le savoir-faire des artisans locaux trouve une belle illustration avec les stucs de l'alcôve de la chambre de parade dont la façade, soutenue par quatre cariatides, figure un arc de triomphe à la gloire des Lascaris. Mais l'une des particularités les plus intéressantes de cette somptueuse demeure est d'abriter depuis peu un musée des instruments anciens : celui-ci recèle des pièces rares, comme cette saqueboute ténor réalisée à Nuremberg en 1581 par Anton Schnitzer, le plus ancien instrument de ce type existant au monde, la superbe harpe de la vicomtesse de Beaumont, fabriquée à Paris en 1780 par Jean-Henri Naderman, ou le grand clavecin rouge du Salon, d'un facteur anonyme, qui mêle en une heureuse synthèse les influences anglaise et française de la fin du XVIIIe siècle. Des concerts de musique de chambre, par des interprètes prestigieux, se donnent parfois dans les salons du Palais : avis aux mélomanes !

LE BUSTE
DE ROSALINDE

MAISON DE ROSALINDE RANCHER
PLACE VIEILLE
TRAMWAY : ARRÊT CATHÉDRALE/VIEILLE VILLE

À l'écart des circuits touristiques, tout près de la cathédrale Sainte-Réparate, il est une toute petite place paisible, la place Vieille. Ce qui la rend chère au cœur des Niçois, c'est qu'une de ses maisons vit naître le 20 juillet 1785 Joseph-Rosalinde Rancher, le poète qui donna ses lettres de noblesse à la langue niçoise. Fils d'un modeste chirurgien accoucheur, ce brillant élève fit ses études secondaires au lycée de Marseille avant d'être engagé dans l'administration impériale. À la chute de l'Empire, il travaille dans une maison de commerce anglaise à Livourne, avant de regagner Nice où il est employé chez un avocat pour exercer la modeste fonction d'écrivain-juré, puis de sous-secrétaire au "magistrat suprême du consulat de commerce et de mer". Parmi ses œuvres maîtresses, on peut citer *La Nemaïda o si lou trionf dei sacrestan*, poème héroï-comique publié en 1823, qui lui valut les encouragements du secrétaire perpétuel de l'Académie française Raynouard, mais aussi l'hostilité des dévots, qui n'attendent qu'une occasion pour se venger. Celle-ci se présente en 1829, quand le roi Charles-Félix de Savoie et sa femme la reine Marie-Christine viennent passer les fêtes de fin d'année à Nice. Excellent violoniste, Rancher est invité à se joindre à l'orchestre du Théâtre royal à l'occasion du spectacle donné le 26 décembre devant les souverains, pour lequel il écrit et fait jouer une comédie lyrique en français, *Les Bergers des Alpes-Maritimes*. Il commet alors une entorse au protocole, en faisant interpréter sur scène un air de violon par son jeune neveu. Tirant prétexte de cet incident dérisoire, le gouverneur le jette en prison dès le lendemain. Don Sappia, confesseur du roi, obtient sa libération au bout de quelques heures, mais cela aura rendu le poète très prudent, à tel point que ses autres pièces majeures sont en dialecte, *La Mouòstra raubada*, poème héroï-comique de 3 657 alexandrins écrit en 1830 et le recueil de ses soixante-quinze *Fabla nissardi basadi soubre lu proverbi doù pais* (1832) resteront inédites jusqu'en... 1954 !

LA DYNASTIE DES ACCHIARDI

RESTAURANT ACCHIARDO
38, RUE DROITE
TRAMWAY : ARRÊT CATHÉDRALE/VIEILLE VILLE
Tél. 04 93 85 51 16. Ouvert du lundi au vendredi midi et soir.

Le sympathique restaurant Acchiardo de la rue Droite est bien plus qu'un simple établissement de restauration, il est à lui seul une institution vivante de Nice : on y retrouve côte à côte les habitués du quartier, quelques touristes et les épicuriens qui viennent y déguster les saveurs d'une cuisine authentique. Sa fondation remonte à 1927, lorsque Madalena Acchiardi, tout droit débarquée de Dronero dans son Piémont natal, rachète le restaurant Albenga. Mais l'employé municipal qui enregistre l'acte de cession décide d'appliquer à ce patronyme la loi de déclinaison du pluriel italien, selon laquelle en toute logique Acchiardi donne au singulier Acchiardo ! Joseph, le petit-fils de Madalena, gère quant à lui la maison depuis 1957. Imperturbable et l'œil vif, il met toujours en bouteille la "cuvée du patron", secondé dans sa tâche par son épouse Évelyne et ses deux fils Raphaël et Jean-François. Avec son comptoir patiné par les ans et ses nappes à carreaux, le décor s'affiche d'emblée simple, chaleureux et rustique ; il n'a pas varié d'un pouce depuis des lustres, la famille veillant à la permanence des traditions. Il est vrai que l'immeuble est l'ancien palais des comtes de Galéan, apparentés à la puissante famille des Châteauneuf-Villevieille dont le blason orne encore le linteau de l'ancienne porte située dans la rue transversale, la rue du Château. Et c'est au troisième étage de cette même demeure que sont nés Joseph et ses trois enfants ! Si la carte, elle, admet quelques variantes, elle rend copieusement hommage à la gastronomie niçoise, sa daube, ses gnocchis aux blettes et son stockfish étant devenus depuis longtemps des classiques du genre.

DIABOLIQUE NICCOLÒ

MAISON DE NICCOLÒ PAGANINI
23, RUE DE LA PRÉFECTURE
TRAMWAY : ARRÊT CATHÉDRALE/VIEILLE VILLE

La modeste façade du 23 rue de la Préfecture commémore le souvenir du grand Niccolò Paganini. Ce violoniste de génie né à Gênes en 1782 montra un talent étonnamment précoce, composant sa première sonate à 8 ans et commençant à se produire en concert à peine âgé de 15 ans. Il compose en 1820 ce qui demeure son chef-d'œuvre, les *Vingt-quatre Caprices*. D'août 1828 à septembre 1834, il se lance dans une longue tournée à travers toute l'Europe, qui le mène en Allemagne, en Bohème, en Autriche, puis enfin en Angleterre. L'immense succès de celle-ci lui vaut renommée et richesse. Invité par le comte de Cessole, lui-même violoniste amateur de talent, il ne se rend à Nice qu'en 1839, alors qu'il est déjà fort souffrant. Il y donne néanmoins trois concerts qui produisirent une recette fort conséquente. Il disparut quelques mois après, le 17 mai 1840, emporté par un mal pernicieux que le climat de la ville n'avait point enrayé.

Paganini fut tourmenté même dans la mort, poursuivi par sa réputation, soigneusement entretenue, d'avoir passé un pacte avec le diable en vue d'acquérir une telle virtuosité au violon. Et l'Église n'eut qu'à prétexter qu'il n'avait pas voulu les derniers sacrements pour lui refuser une sépulture chrétienne. D'abord conservé à Nice, son corps fut transporté au cap Ferrat, puis à Gênes, avant de pouvoir être définitivement inhumé à Parme en 1876, après un interminable procès ecclésiastique.

La plaque commémorative apposée en 1881 porte une inscription en italien dont voici la traduction : "De cette maison le 27 mai 1840, expirant avec le jour, l'âme de Niccolò Paganini a fait retour aux sources de l'harmonie éternelle. L'archet qui fut puissant de notes magiques gît inanimé, mais dans l'air suave de Nice leur suprême douceur vit encore".

ADAM ET ÈVE
DANSENT AU PREMIER

FRESQUE D'ADAM ET ÈVE
1, RUE DE LA POISSONNERIE
TRAMWAY : ARRÊT CATHÉDRALE/VIEILLE VILLE

Au débouché de la rue de la Poissonnerie, juste avant de parvenir sur le cours Saleya, on aperçoit en levant les yeux une savoureuse frise en relief dans des tons de camaïeux qui orne le premier étage de la maison sise au n° 1. Cette frise représente un homme et une femme, apparemment d'humeur fort allègre, vêtus de simples feuilles de vigne. Elle a valu à la maison, qui date de 1584, son surnom de "Maison d'Adam et Ève". On trouvait autrefois de nombreux exemples de ces décors dans les rues de la vieille ville. Il semble bien que celui-ci soit le dernier à être parvenu jusqu'à nous. Une récente restauration lui a permis de retrouver sa "verdeur" primitive.

LA FENÊTRE DE SPAGGIARI

**PALAIS DE JUSTICE, TRIBUNAL D'INSTANCE
7, RUE DE LA PRÉFECTURE**
TRAMWAY : ARRÊT OPÉRA

L'austère façade latérale du palais de justice, qui déroule le long de la rue de la Préfecture un alignement de fenêtres bien banales, ne semble en rien prédisposée à entrer dans la légende. Et cependant, c'est de l'une de ces fenêtres que s'évada de la façon la plus rocambolesque qui soit l'auteur du "casse du siècle", Albert Spaggiari.
Ce dernier avait conçu et dirigé durant le week-end du 16 au 18 juillet 1976 le cambriolage des salles du coffre de la Société Générale en passant par les égouts, après avoir creusé un tunnel qui demanda presque trois mois de travail acharné à une quinzaine d'hommes suréquipés.
Arrêté à l'aéroport de Nice à son retour du Japon, le 27 octobre 1976, Albert Spaggiari est immédiatement incarcéré à la prison de la ville.
Le 10 mars 1977, à 15h, Spaggiari est convoqué dans le bureau du juge Richard Bouazis. Fébrile, il demande à celui-ci de faire sortir du bureau son escorte, sous prétexte de révélations concernant des membres haut placés de la politique locale. Le juge obtempère, et Spaggiari lui présente alors comme preuve des croquis figurant l'accès au tunnel des coffres, griffonnés sur trois feuilles. Alors que le juge se penche dessus pour les examiner, Spaggiari saute par la fenêtre et atterrit sur le toit d'une voiture garée huit mètres plus bas. Il parvient à s'échapper grâce à un complice qui l'attend en moto. Ainsi débute la légendaire cavale de Spaggiari, premier bandit médiatique, qui le mènera douze ans durant au Chili, au Brésil, puis

en Argentine où il se fixe dans une grande propriété, rédigeant en 1978 *Les Égouts du paradis*. Elle s'achève le 8 juin 1989 en Italie, où il succombe à un cancer de la gorge. Ultime exploit : sa compagne rapatrie en France sa dépouille en caravane sans éveiller les soupçons et dépose son corps chez sa mère, à Hyères. Il est inhumé dans son village natal de Laragne-Montéglin dans les Hautes-Alpes.

LES TROMPE-L'ŒIL
DE NICE

PARCOURIR ATTENTIVEMENT LA VIEILLE VILLE.
TRAMWAY : ARRÊT CATHÉDRALE/VIEILLE VILLE
POUR SE RENDRE AUX QUARTIERS CARABACEL
ET CIMIEZ, EMPRUNTER LE BUS N° 15.

Nice hérite sa tradition architecturale de l'Italie, à laquelle elle était rattachée jusqu'en 1860. Le décor de ses maisons s'en ressent fortement, comme l'attestent les frises et sgraffites agrémentant le couronnement de nombreux bâtiments. Mais s'il est un élément ornemental qui a fait florès, c'est bien le trompe-l'œil, importé de Gênes au XVIIe siècle par des peintres qui en maîtrisaient tous les artifices. Ainsi, les façades de nombreux immeubles du vieux Nice, mais aussi de certaines maisons traditionnelles du centre et des collines, se parent de décors de pilastres, de balustres, de frontons et de corniches peints, recréant de façon illusoire un relief que les moyens modestes des propriétaires ne permettaient pas de traiter par la sculpture ou le stuc. Le trompe-l'œil s'effectue sur une base chaude composée d'oxydes rouges et jaunes, d'ocres, de terre de Sienne ou d'ombre claire ; les encadrements sont réalisés dans des tons plus foncés, contrastant avec la couleur de la façade. Si au départ c'est bien l'économie qui motive le recours à cette technique, celle-ci voit néanmoins s'épanouir une véritable école, dont le savoir-faire est riche de formes et de couleurs. Mais avec l'avènement du tourisme balnéaire à la Belle Époque et les architectures "éclectiques" qui en découlent, la tradition décline peu à peu. Elle renaît dans les années 1980, lorsque la Ville réhabilitant les quartiers anciens, Nice retrouve peu à peu son identité colorée.
Si la vieille ville concentre le plus grand nombre de décors peints, d'autres quartiers en recèlent de beaux exemples, comme ceux de Carabacel, de Cimiez et de Boriglione ou de Saint-Roch (voir p. 98).

UNE MADONE POUR LES CAS DÉSESPÉRÉS

CHAPELLE DE L'ANNONCIATION DITE DE SAINTE-RITA
RUE DE LA POISSONNERIE
TRAMWAY : ARRÊT CATHÉDRALE/VIEILLE VILLE
Tél. 04 93 62 13 62. Ouvert tous les jours de 8h à 12h et de 14h30 à 18h.

Nice a le grand privilège d'abriter en ses murs une madone entièrement vouée aux cas désespérés. Et Dieu sait s'ils sont légions dans chaque province ! Initialement chapelle Saint-Jacques au XIIIe siècle, cédée au XVIe siècle aux moines de l'abbaye de Saint-Pons (voir p. 132) avant d'être dévolue aux Carmes à compter de 1550, l'église de l'Annonciation conserve bien les traces des stratifications de l'Histoire. Au XVIIe siècle, les Carmes s'inscrivent activement dans le mouvement de la rénovation baroque et transforment complètement entre 1677 et 1685 l'antique église en un superbe édifice.

Tout cela explique peut-être la prolifération décorative qui frappe d'emblée le visiteur, mêlant les thèmes liés à sa vocation paroissiale à ceux propres aux ordres qui l'occupèrent.

Ce n'est qu'en 1934 que le père Bianco, prêtre d'origine italienne, introduit à l'Annonciation le culte de sainte Rita de Cascia, sur la demande d'une paroissienne très attachée à cette sainte. Certes, cette innovation ne fut pas du goût de tout le monde. Mais elle ne tarda pas, néanmoins, à avoir une popularité extraordinaire, si bien que son nom désigne aujourd'hui, dans l'esprit des Niçois, l'ensemble de l'église dont elle n'est pourtant qu'une locataire.

Patronne des causes perdues, sainte Rita peut tout... ou presque ! Son autel, bien en évidence à l'entrée de l'édifice, croule littéralement sous les ex-voto dont le nombre et la diversité témoignent de la pluralité de ses talents : amour, guérison, retour d'affection, fortune, protection contre les guerres, épidémies et autres cataclysmes, rien ne lui échappe. La simplicité touchante de ces phrases gravées dans la pierre témoigne de la pérennité d'une foi populaire encore bien ancrée.

LE SAVOUREUX DÉCOR D'UNE PÂTISSERIE

PÂTISSERIE AUER
7, RUE SAINT-FRANÇOIS-DE-PAULE
TRAMWAY : ARRÊT OPÉRA
Tél. 04 93 85 77 98. Ouvert du mardi au samedi de 9h à 13h30 et de 14h30 à 18h.

Située juste en face de l'Opéra, la pâtisserie Auer est aussi l'une des plus vénérables institutions de Nice. Son décor, devanture et magasin, n'a absolument pas changé depuis la Belle Époque. Mais la saga des Auer remonte plus loin encore, lorsqu'en 1820, dans la haute vallée de l'Engadine, un courageux et habile confiseur, Henri Auer, décide de quitter son village pour tenter sa chance en France. Après moult épisodes, il finit par épouser en 1850 une vaillante et courageuse jeune fille, Julia Sutta. Le couple ouvre tout d'abord un magasin de confiserie à Toulon, puis deux, puis trois et bientôt un autre à Marseille. Mais, au fond de leur cœur, ils gardent une prédilection pour le pays niçois où l'on commence à fabriquer des fruits confits. Un magasin est à vendre à Nice, rue Saint-François-de-Paule, à côté de l'église. Le couple réunit ses économies, vend sa succursale de Marseille et achète l'affaire : le temple des douceurs niçois est né ! Outre cette prestigieuse pâtisserie, les Auer ont eu une nombreuse progéniture, puisqu'ils donneront naissance à… quatorze enfants ! La relève est donc assurée, et dès les années 1890, l'aîné, Henri-Chrétien Auer, développe la renommée de la maison, remportant successivement une médaille d'or à Paris en 1905 et une médaille d'or à Londres en 1910. Doté d'un tempérament haut en couleurs, il participe des années durant aux batailles de fleurs du carnaval, jetant de son char fleuri des poignées de caramels aux enfants qui le poursuivent. En 1931, c'est son fils Henri-Joseph qui, après avoir effectué différents stages dans des établissements réputés en France et à l'étranger, prend la direction effective de la maison, diversifiant ses produits grâce à la pâtisserie. Puis, dans les années 1960, vint le tour de Jacques, qui apporte ses connaissances en chocolaterie et crée de nombreuses recettes. De nos jours, Thierry, fils du précédent, et son épouse Évelyne, représentent la cinquième génération.
Le XXIe siècle verra peut-être la sixième reprendre le flambeau, avec leurs deux filles Mélina et Cassandra.

LES MALHEURS DE LUCIA

OPÉRA DE NICE
4-6, RUE SAINT-FRANÇOIS-DE-PAULE
VOIR AUSSI LA FAÇADE SUR MER, QUAI DES ÉTATS-UNIS
TRAMWAY : ARRÊT OPÉRA

Si *Mignon*, d'Ambroise Thomas, passe pour avoir porté malheur à de nombreux théâtres lyriques qui, à l'instar de l'opéra de Marseille et de l'Opéra-Comique de Paris, brûlèrent durant l'une de ses représentations, c'est bien à la *Lucia di Lammermoor* de Gaetano Donizetti que celui de Nice doit tout son malheur. En effet, l'actuel opéra qui dresse orgueilleusement ses deux belles façades, côté ville sur la rue Saint-François-de-Paule, côté mer sur le quai des États-Unis, est somme toute assez récent puisqu'inauguré en 1885. Le précédent, alors nommé théâtre municipal, avait été construit en 1826 sur les plans des architectes Brunati et Perotti, qui conçurent un édifice spacieux, inspiré du Teatro San Carlo de Naples. La scène était occultée par un immense rideau sur lequel le peintre Biscarra avait représenté les exploits de Catherine Ségurane (voir p. 32). Le fond de celle-ci, orienté au sud comme aujourd'hui, s'ouvrait sur une vaste baie vitrée découvrant la mer, qui fut murée en 1866 et remplacée par un gigantesque cadran solaire donnant sur le quai du Midi.

Le mercredi 23 mars 1881, pendant l'ouverture de *Lucia di Lammermoor*, tout bascule dans l'horreur. À la suite d'une explosion de gaz, due à une fuite au niveau de la rampe de scène, le rideau prend feu, les lampes s'éteignent, l'obscurité se fait dans les couloirs et la panique s'empare de tout le théâtre. Devenu la proie des flammes, le bâtiment est entièrement détruit en quelques instants. Le drame fait 63 victimes, parmi lesquelles ces jeunes choristes anglais, venus pour l'occasion renforcer les chœurs de l'opéra de Nice, inhumés depuis au cimetière du Château. Un tableau de Dominique Trachel, représentant l'incendie du théâtre depuis le quai du Midi, retrace cette nuit tragique.

L'édifice actuel a été construit à partir de 1882 par l'architecte François Aune, élève de Gustave Eiffel. Les plans, qui prévoient une structure métallique, ont été approuvés par Charles Garnier, alors inspecteur des Bâtiments civils.

L'ESCALIER MONUMENTAL
DU PALAIS HONGRAN

PALAIS HONGRAN
2, RUE SAINT-FRANÇOIS-DE-PAULE
TRAMWAY : ARRÊT OPÉRA

Le palais Hongran dresse son austère et fière silhouette gris-vert à l'extrémité occidentale du cours Saleya. Sa sobre façade, divisée en son milieu d'une majestueuse travée à triples baies, est familière aux Niçois. Et ce, pour de bien diverses raisons. Bâti entre 1769 et 1772 dans le prolongement des terrasses des Ponchettes par Joseph-François Hongran de Saint-Sauveur comte de Fiano, il fut par la suite vendu après l'internement de son initiateur. Son monumental escalier est articulé sur des volées à plafond rampant, remplaçant ici en cette fin de XVIIIe siècle le procédé traditionnel des voûtes en usage à l'époque baroque. Mais que l'on ne s'y méprenne point, du XVIIIe l'escalier ne possède plus que son architecture, ses colonnes et ses rambardes de fer forgé. Le décor peint au pochoir qui orne la sous-face des volées et des plafonds, du plus pur style Liberty, est dû au peintre Verneuil qui le réalisa dans les toutes dernières années du XIXe siècle. Le jeune général Bonaparte, de passage à Nice au début de ses campagnes d'Italie, y loge en 1796, dans une pièce mansardée du quatrième étage. Plus tard, l'épouse de son auguste neveu, l'impératrice Eugénie en personne, y séjourne en 1860 lors des festivités qui marquèrent le rattachement de Nice à la France. Au début du XXe siècle, le palais est honoré par la visite du Shah d'Iran. Les appartements du premier étage, quant à eux, abritèrent les locaux du musée et de la bibliothèque municipale de Nice de 1838 à 1925, date de leur emménagement boulevard Dubouchage (voir p. 48).

LA "DOUBLE RÉVOLUTION" DES HÉRAUD

PALAIS HÉRAUD
15, RUE ALEXANDRE-MARI
TRAMWAY : ARRÊT OPÉRA

Sa façade toute simple enduite à la chaux est, comme celle des autres palais du vieux Nice, exception faite du palais Lascaris, d'une déconcertante sobriété et, n'était le porche d'entrée rehaussé de pierre, on pourrait passer devant des centaines de fois sans soupçonner un seul instant les merveilles qui se cachent derrière ses lourdes portes de bois. Bâti en 1757, il fut successivement la propriété d'illustres familles : des Héraud, ses commanditaires, il passa aux Lascaris-Vintimille, avant d'échoir par mariage aux Malausséna, dont est issu François Malausséna, dernier syndic sarde de Nice de 1857 à 1860, puis premier maire français après l'annexion, de 1860 à 1870. Des Malausséna, il passe aux Raiberti, dont le représentant le plus connu fut le baron Flaminius Raiberti (1862-1929), tour à tour député, président de la Chambre, sénateur et ministre de la IIIe République. Le palais Héraud, qui occupe la totalité d'un vaste îlot, s'ouvre sur un jardin intérieur, comme nombre de palais de la vieille ville. Mais ce qui le distingue, c'est la superbe architecture de sa cage d'escalier à double révolution, typiquement baroque et néanmoins unique à Nice. Celle-ci constitue une apothéose de courbes, sur lesquelles vient glisser comme une caresse la lumière extérieure pénétrant de façon mesurée par les oculi ménagés de part et d'autre du portail d'entrée, fort heureusement restitués par une récente restauration. Le mouvement ascendant de cette double spirale est un véritable enchantement pour l'œil et l'esprit.

COMME À PARIS !

PLAQUE EN FER FORGÉ
30, BOULEVARD JEAN-JAURÈS
TRAMWAY : ARRÊT OPÉRA

Ce numéro-là a donné bien du fil à retordre aux architectes des services du patrimoine. Complètement enseveli sous le bois de la devanture du précédent magasin, il est réapparu lors de la rénovation toute récente d'un commerce situé au rez-de-chaussée de l'immeuble. De fait, l'actuel n° 30 du boulevard Jean-Jaurès, jadis nommé *Lu bastioun* (les bastions), en référence à la présence d'importants bastions dans ce secteur, était autrefois le n° 10. Ce numéro, constitué d'un assemblage de pièces métalliques soudées, datant probablement du début des années 1930, est *a priori* l'œuvre d'un ferronnier local. Les chiffres sont traversés d'une sorte de manivelle de section carrée, terminée par quatre demi-disques parallèles à gauche et une demi-sphère à droite. La partie supérieure évoque par trois volutes les nuages de vapeur sortant d'une cheminée de locomotive. Or, un motif en tous points identique est visible à Paris, sur l'entrée d'un luxueux immeuble sis au 115 avenue Henri-Martin, signé en 1931 par le premier grand prix de Rome Michel Roux-Spitz ! Comme le souligne l'historien Michel Steve, "il est évident que l'exemple niçois est une copie minutieuse et bien documentée du modèle parisien". Roux-Spitz n'ayant pas œuvré à Nice, et ayant fréquemment employé ce type de décoration d'un Art déco très classique, il paraît peu vraisemblable qu'il a pu être inspiré par un motif découvert dans le Midi. Reste à savoir par quel curieux hasard le modeste artisan niçois a pu prendre connaissance du modèle parisien : lors d'un voyage ou bien en consultant les publications des œuvres de Roux-Spitz, alors disponibles dans le commerce ? Le standing des deux immeubles n'étant en rien comparable, on ne peut que s'interroger sur l'identité du commanditaire qui a désiré reproduire sur une très modeste construction de la vieille ville un élément alors très en vogue dans la capitale !

LA PORTE FAUSSE, LIEU DE "PASSAGE"…

**ESCALIER DE LA PORTE FAUSSE
MENANT DE L'AVENUE JEAN-JAURÈS À LA RUE DE LA BOUCHERIE**
TRAMWAY : ARRÊT CATHÉDRALE/VIEILLE VILLE

Très prisé des vieux Niçois (et des touristes), l'escalier de la Porte fausse a une bien curieuse histoire, et il n'a pris que récemment les proportions harmonieuses que nous lui connaissons aujourd'hui.
Il doit en fait son existence aux caprices de la topographie. Établi sur les anciens plans de Nice depuis le milieu du XVIIIe siècle, ce n'était jadis qu'un étroit passage destiné à relier la ville basse aux bords du Paillon, qui, à cette heureuse époque, coulait paisiblement à ciel ouvert.
Ledit passage avait été aménagé sur l'emplacement d'une poterne perçant les remparts, nivelés vers 1825. Dans sa pièce *La Mouòstra raubada* écrite en 1830, le poète niçois Joseph-Rosalinde Rancher y situe la mésaventure de son héros qui y est agressé par une bande de polissons. Ce qui laisse présumer que la fréquentation de l'endroit n'était pas recommandable à certaines heures !
Le passage fut élargi et aménagé en un confortable escalier – celui-là même que nous empruntons aujourd'hui – en 1946, à la suite du don par le propriétaire de l'immeuble situé au-dessus, le maître-luthier Albert Blanqui, de la partie nécessaire à sa création.
Lors de l'aménagement du parcours du tramway, la rénovation a été confiée à l'artiste Sarkis. Ce dernier a imaginé là un féerique décor de faux marbres rouge, blanc et or, concevant l'espace comme "un lieu de mémoire, celui où une époque passe à une autre, un monde s'ouvre à un autre". Et pour étayer cette idée, il a même pensé à prévoir l'emplacement d'un plateau destiné à accueillir des messages de tous genres pouvant être lus "par les habitants du quartier de la Porte fausse ou d'un autre de la ville, mais aussi par ceux vivant dans différentes cités du monde".

SAINT-FRANÇOIS
DES POISSONNIERS

PLACE SAINT-FRANÇOIS
ACCÈS PAR L'AVENUE JEAN-JAURÈS, EN FACE DE LA GARE ROUTIÈRE
TRAMWAY : ARRÊT CATHÉDRALE/VIEILLE VILLE

Un peu à l'écart des circuits balisés, la place Saint-François est l'un des lieux les plus attachants de la vieille ville. Elle doit son nom au couvent des Franciscains bâti au XIIIe siècle qui la bordait jadis au nord. Abandonné à la Révolution, celui-ci a quasiment disparu. Il n'en reste que deux fragments : la fameuse tour de clocher édifiée en 1722 et équipée d'une horloge en 1841, et, dans la ruelle en contrebas de la tour, le mur latéral de l'église conventuelle, aux ogives murées, ce lieu servant aujourd'hui... de dépôt de nettoiement de la Ville. Au centre de la place se trouvait la croix au Christ séraphique, visible sur l'esplanade du monastère de Cimiez (voir p. 130). L'aménagement actuel de la place remonte à 1803 : pour le réaliser, on n'hésita pas à détruire la chapelle des Pénitents blancs du Saint-Esprit, datant du XVIIe siècle.

Toujours côté nord, l'élégante façade à pilastres de l'ancien palais communal, bâti entre 1574 et 1580 sur ce qui constituait alors le principal espace de la cité. L'édifice est embelli au XVIIe siècle d'un portail monumental dû au talent de l'architecte Marc-Antoine Grigho. À partir de 1758, Gio-Pietro de Tavigliano habille la façade d'un décor baroque, avec des pilastres d'ordre colossal unifiant les étages. L'ancien palais communal devient en 1893 la bourse du travail de Nice, quartier général des grévistes lors de conflits sociaux de 1896.

Mais l'événement qui lui confère une saveur inimitable et une animation sans cesse renouvelée, c'est le marché au poisson : cette grande fresque folklorique, à la faconde pagnolesque, se tient quotidiennement tout autour de la fontaine aux dauphins.

Avant de quitter ces lieux, il ne faut pas oublier de lever la tête pour apercevoir du côté est les encorbellements à arcatures de deux immeubles, rares vestiges du vieux Nice médiéval.

LE JEU DE LA MOURRE
ET DU HASARD

JEU DE MOURRE
POUR EN SAVOIR PLUS, CONTACTER L'ASSOCIATION "MOURRA DEI QUATRE CANTOUNS",
Tél. 06 18 49 56 67

Si d'aventure, au détour d'une rue, vous entendez s'échapper d'un estaminet quelques éclats tonitruants éructés dans un dialecte inconnu, ne vous inquiétez pas : il ne s'agit pas d'une rixe, mais de joueurs de "mourra" s'adonnant à leur pratique. Celle-ci remonterait aux Égyptiens, et elle fut reprise par les Grecs et les Romains, qui l'utilisent à la fois comme jeu et comme rite divinatoire.

La mourre, que l'on retrouve tout autour du bassin méditerranéen, se pratique avec les mains de la façon suivante : cela se joue à deux. Au signal (en général l'un des joueurs frappe violemment sur la table), chaque joueur doit ouvrir la main en déployant autant de doigts qu'il le désire, et annoncer simultanément un chiffre de 1 à 10 (toujours en dialecte !). Le gagnant est celui qui a annoncé le nombre total de doigts montrés par les deux adversaires. Par exemple, si le premier joueur montre trois doigts et le second deux, il faut avoir annoncé cinq pour l'emporter. Si aucun des deux joueurs ne trouve le résultat exact, ou si au contraire, ils réalisent mutuellement le chiffre annoncé, la partie continue. L'arbitre, *lou marquaire*, assis en bout de table, veille au bon déroulement des opérations ; le nombre de points à totaliser est déterminé d'avance, le jeu se déroulant ordinairement en deux manches gagnantes de quinze points. Si la chance est un élément déterminant du jeu, l'aspect psychologique n'est pas pour autant à négliger : vociférer et frapper fort sur la table, annoncer toujours le même chiffre en changeant à chaque fois le nombre de doigts, changer

de rythme en accélérant, agrémenter ses annonces de citations et de proverbes, tous les moyens sont bons pour déstabiliser l'adversaire et lui faire perdre sa concentration !

ELLE CÉLÈBRE TOUJOURS
LE MAI À NICE !

MAISON
À L'ANGLE DE LA RUE SAINT-AUGUSTIN ET DE LA RUELLE SAINT-MARTIN
TRAMWAY : ARRÊT CATHÉDRALE/VIEILLE VILLE

Elle est étonnante, cette maison qui dresse sa haute silhouette jaune à l'angle de deux étroites ruelles, la rue Saint-Augustin et la ruelle Saint-Martin. L'été, ses balcons se recouvrent de vigne vierge, et elle offre ainsi parée l'image archétypique de la traditionnelle maison niçoise, à tel point que le peintre Raoul Dufy, Normand de naissance mais Niçois d'adoption, en fit le sujet principal de son tableau intitulé *Le Mai à Nice*, peint entre 1930 et 1933. Ce tableau, actuellement exposé au musée des Beaux-Arts Jules-Chéret (voir p. 145), évoque la très ancienne fête des Mai, qui se déroulait jadis à chaque printemps dans le vieux Nice. Le peintre devait être suffisamment attaché à cette toile pour la dédicacer à Émilienne, son épouse.

UN ORDRE PEUT EN CACHER UN AUTRE

CHAPELLE SAINTE-CLAIRE OU DE LA VISITATION
PLACE SAINTE-CLAIRE (DEPUIS LA PLACE SAINT-FRANÇOIS, PRENDRE LA RUE SAINT-FRANÇOIS, PUIS LA RUE GUIGONIS : LA PLACE SAINTE-CLAIRE SE TROUVE AU DÉBOUCHÉ DE CELLE-CI)
TRAMWAY : ARRÊT CATHÉDRALE/VIEILLE VILLE

Très joliment située en partie sommitale de la vieille ville, au pied d'un spectaculaire escalier de pierre menant à la colline du Château (montée Menica-Rondelly), la chapelle Sainte-Claire ou chapelle de la Visitation dresse au fond de la place son beau décor en trompe-l'œil, peint dans les délicates nuances d'ocre et de gris. L'origine de sa double appellation apparemment contradictoire est en effet fort simple : l'église, bâtie en 1609, est bien partie intégrante du couvent des clarisses achevé deux ans plus tôt. Ce dernier, établi sur la base des plus anciennes maisons de la ville basse, était destiné à reloger les religieuses installées dès 1539 sur le site du couvent des cisterciennes qu'elles abandonnèrent en 1578. Les clarisses furent chassées du couvent par la Révolution en 1793 et n'y revinrent plus. Mais à la Restauration, les bâtiments furent affectés aux visitandines, qui avaient à la même époque fui leurs couvents de Sainte-Marie et de Saint-François-de-Sales. Ce sont elles qui font en 1828 redécorer l'intérieur de la chapelle par le fresquiste Giuseppe Toselli. Elles demeureront en ces lieux jusqu'en 1960, date à laquelle le monument est acquis par la Ville. C'est donc cette affectation tardive qui produit aujourd'hui la confusion entre l'église Sainte-Claire et celle de la Visitation, qui sont bien un seul et même bâtiment dans lequel se succédèrent deux ordres religieux.

INTRÉPIDE
CATHERINE

MONUMENT À CATHERINE SÉGURANE
FACE À L'ÉGLISE SAINT-MARTIN-SAINT-AUGUSTIN, PLACE SAINT-AUGUSTIN
TRAMWAY : ARRÊT GARIBALDI

À chaque terre son héroïne, identifiée à la figure rassurante de la Mère nourricière et protectrice. Ce que Didon est à Carthage, Jeanne d'Arc à la Lorraine ou Danielle Casanova à la Corse, Catherine Ségurane l'est au Comté de Nice. Cette brave *bugadiera* (blanchisseuse) passe pour avoir vaillamment repoussé l'ennemi turc lors du siège de Nice du 15 août 1543 (voir p. 10 et 166), même si les âmes pieuses attribuent dans un premier temps cette victoire à la Madone du Secours. Bien plus prosaïque et laïque est la légende qui s'en empare dès le début du XVIIe siècle : après être montée courageusement aux créneaux de la tour Sincaire, Catarina aurait estourbi avec son battoir à linge un porte-étendard turc, afin de lui arracher son drapeau. Et la tradition orale d'enjoliver cette geste de quelques fioritures : une première variante lui fait (après le coup de battoir préliminaire) étouffer l'infortuné Maure entre les deux rotondités de son opulente poitrine, la seconde, exhiber une autre partie charnue de son anatomie par-dessus le rempart, ce qui aurait eu pour effet (paradoxal) de mettre en fuite les assiégeants... Et s'il se trouve quelques esprits chagrins pour contester l'existence même de la fière héroïne, ils n'empêcheront jamais la verve populaire de s'enflammer pour une si juste cause, et l'imagination des littérateurs de s'emparer du sujet : Luigi Andrioli lui consacre un poème épique en 1808 (romantisme oblige !) et Giovanni Battista Toselli lui dédie une pièce de théâtre en 1878. Enfin, consécration tardive mais bien méritée, la bonne ville de Nice – par le truchement d'une souscription – lui érige un monument le 25 novembre 1923, jour de la Sainte-Catherine : une stèle en bas-relief, scellée contre ce qui est censé être le dernier vestige de la muraille du Château. Depuis, chaque année, le jour dit, le comité des traditions niçoises fait ses dévotions aux pieds de ce qui perpétue le souvenir de l'héroïne...

ON PRIE À L'ÉTAGE

CHAPELLE DU TRÈS-SAINT-SÉPULCRE, DITE DES PÉNITENTS BLEUS
7, PLACE GARIBALDI
TRAMWAY : ARRÊT GARIBALDI

La chapelle du Très-Saint-Sépulcre, sise au 7 de la place Garibaldi, appartient toujours à l'archiconfrérie des Pénitents bleus, l'une des quatre confréries niçoises toujours en activité, principalement vouée dès sa création à l'accueil des orphelines. Elle offre la particularité, assez rare pour un lieu de culte, de se trouver au premier étage d'un immeuble ; de fait, elle partage à Nice ce curieux privilège avec l'église orthodoxe russe Saint-Nicolas-Sainte-Alexandra de la rue Lonchamp (voir p. 59). Englobée dans l'un des plus vastes projets urbanistiques que connut la ville au cours de son histoire, sa construction est indissociable de la création de la place Vittoria, l'actuelle place Garibaldi. En 1780, le roi de Sardaigne Victor-Amédée III ordonne la construction d'une grande place à l'arrivée de la route Royale ; les travaux sont placés sous la maîtrise de l'architecte tessinois Antonio Spinelli (1726-1819), déjà auteur de la chapelle Sainte-Croix (voir p. 34).
La première place à arcades de Nice, directement inspirée de la place San Carlo à Turin, est précédée d'un arc triomphal à l'arrivée de la route de Turin. Ce dernier sera détruit en 1848, car il gênait la circulation.
Bâtie de 1782 à 1784 par l'entrepreneur André Laurenti sur les plans de Spinelli, la chapelle s'intègre merveilleusement au projet urbain. Elle ne se distingue des maisons voisines que par la monumentalité de sa façade, superposant soubassement à bossages, ordre colossal et fronton (voir p. 6).

Mais lorsque l'on pénètre dans la chapelle, on se rend compte que l'espace dévolu à celle-ci est plutôt exigu. Ce qui contraignit l'architecte à adopter un plan en largeur, formé de deux segments rectangulaires, et des plafonds en demi-coupole élargissant le volume vers le haut. Ceux-ci furent décorés au XIXe siècle par le peintre niçois Emmanuel Costa. Le maître-autel est dominé par le chef-d'œuvre d'Abraham Van Loo, *L'Assomption de la Vierge*.

SOUS LES AUSPICES DU PÉLICAN

CHAPELLE SAINTE-CROIX
2, RUE SAINT-JOSEPH
TRAMWAY : ARRÊT CATHÉDRALE/VIEILLE VILLE

À sa fondation en 1306, l'archiconfrérie de la Sainte-Croix, nom officiel des Pénitents blancs, est hébergée dans l'église des dominicains, à l'emplacement de l'actuel palais de justice. Ce n'est qu'en 1518 que la confrérie s'installe dans un bâtiment propre, près de l'église Saint-Martin-Saint-Augustin. Cette chapelle initiale subsiste jusqu'en 1761 ; alors trop à l'étroit, les confrères acquièrent un autre bâtiment, la chapelle de l'ancien couvent des minimes, rue Saint-Joseph. C'est ce même édifice, rénové entre 1765 et 1767 par l'architecte tessinois Antonio Spinelli, qui est aujourd'hui connu sous le nom de chapelle Sainte-Croix. Avec ses deux étages de pilastres superposés, l'élégante façade effectue une harmonieuse synthèse entre baroque et classicisme ; la partie supérieure, percée d'un oculus ovale entouré d'une guirlande florale, est couronnée d'un fronton en arc de cercle. En écho à celui-ci, le fronton triangulaire du porche est orné d'un pélican, symbole de la charité totale et absolue. Le plan de l'église, très simple, juxtapose trois rectangles : un long, pour la nef, un autre à pans coupés pour le chœur et un troisième pour le sanctuaire. Une décoration très riche, symptomatique du baroque tardif, revêt de motifs floraux l'ensemble des pilastres et des frises, chose exceptionnelle dans un lieu de culte. Le sanctuaire est dominé par une demi-coupole décorée de fresques provenant de la chapelle précédente, qui renvoient à des épisodes centrés autour de la dévotion à la croix du Christ, protectrice de la confrérie. En écho à un motif similaire peint sur la coupole, le tableau italien placé au-dessus de l'autel représente l'invention de la Sainte Croix par sainte Hélène. Surplombant ce tableau, enchâssé sous l'épaisse corniche qui délimite la coupole, on remarque le très curieux cartouche d'Abraham Van Loo représentant le Père éternel, le globe terrestre dans sa main gauche. Cette image anthropomorphe du Créateur est rarissime.

SOUS
LA CAPPA ROUGE

CHAPELLE DU SAINT-SUAIRE OU DES PÉNITENTS ROUGES
1, RUE DU SAINT-SUAIRE
TRAMWAY : ARRÊT CATHÉDRALE/VIEILLE VILLE
Tél. 06 11 58 10 65. Visite tous les mardis après-midi de 14h30 à 17h30.

C'est en 1659 que la confrérie des Pénitents du Saint-Suaire, fondée une quarantaine d'années auparavant, bâtit à cet emplacement une chapelle. À la fin du XVIIIe siècle, l'architecte Jean-Baptiste Borra la dote d'une nouvelle façade, alternant ouvertures et colonnes. La chapelle étant mitoyenne du bâtiment du Sénat de Nice, elle est chaque année utilisée par les magistrats pour la séance inaugurale du tribunal. Saccagée par les troupes françaises sous la Révolution, elle est longtemps désaffectée avant d'être presque entièrement reconstruite par Paul-Émile Barberis en 1824. L'actuelle confrérie de la Très-Sainte-Trinité, qui en est aujourd'hui propriétaire, rassemble sous la *cappa* rouge les anciennes confréries du Saint-Suaire (Pénitents blancs), du Saint-Esprit (Pénitents blancs fondés en 1585) et du Saint-Nom-de-Jésus (Pénitents rouges fondés en 1579).

L'intérieur de la chapelle, orné d'une sobre et fraîche polychromie d'époque Restauration, recèle deux trésors : le tableau du peintre niçois Jean-Gaspard Baldoïno (vers 1590-1669) représentant l'ensevelissement du Christ et la gloire du Saint-Suaire, et la rare Vierge "en attente de l'enfantement", statue en bois doré du XIXe siècle, qui remplace celle qui disparut au cours des pillages de la Révolution.

Daté du 4 mai 1660, le tableau de Baldoïno fut exécuté à la demande et aux frais d'Antoine Raibaud, deuxième prieur de l'époque, pour la confrérie qui fêtait ce jour-là la fête du Saint-Suaire, instituée par le pape Jules II en 1506. Cette représentation rappelle également le séjour que fit à Nice le Saint-Linceul de 1537 à 1543, lorsque, les troupes de François Ier ayant envahi la Savoie et l'ouest du Piémont, le duc Charles III fuyant Turin décide de le transférer à Nice, où il est exposé le vendredi saint 30 mars 1537 du haut de la tour Saint-Elme (approximativement située à l'emplacement de l'actuelle tour Bellanda).

LA MAISON DE MATISSE

IMMEUBLE AU FOND DU COURS SALEYA
1, PLACE CHARLES-FÉLIX
TRAMWAY : ARRÊT CATHÉDRALE/VIEILLE VILLE OU OPÉRA

C'est dans cette superbe maison du XVIIIe siècle qui ferme la perspective du cours Saleya, au n° 1 de la place Charles-Félix, que le peintre Henri Matisse (voir aussi p. 84 et 128), tombé amoureux de la lumière du Midi, élit domicile à partir de 1921. Il occupe tout d'abord un appartement au troisième étage, donnant à l'ouest, où il demeure jusqu'à la fin de 1926. C'est alors qu'il emménage dans un studio situé à l'étage au-dessus, toujours du côté ouest, bénéficiant d'une vue privilégiée sur le quai des États-Unis et la baie des Anges, vue maintes fois figurée dans les tableaux du maître à cette époque. Ce n'est que lorsque son épouse Amélie le rejoint, en 1928, qu'il loue l'appartement contigu donnant à l'est. Il y reste jusqu'à l'automne 1938, date à laquelle il déménage pour investir le vaste appartement du Régina, à Cimiez, où il demeurera jusqu'à la fin de sa vie. La verrière de son atelier est toujours visible, au dernier étage, sur la façade donnant sur la rue des Ponchettes.

LES GALERIES
DU BORD DE MER

GALERIE DES PONCHETTES
77, QUAI DES ÉTATS-UNIS
Tél. 04 93 62 31 24
GALERIE DE LA MARINE
59, QUAI DES ÉTATS-UNIS
Tél. 04 93 91 92 90
TRAMWAY : ARRÊT OPÉRA
Ouvert du mardi au dimanche de 10h à 18h. Entrée libre.

Depuis 1967, l'art a investi les Ponchettes : deux lieux se partagent la primeur des expositions : à l'ouest, côté opéra, l'ancien lavoir devenu galerie des Ponchettes, et à l'est, côté château, l'ancienne halle aux poissons, devenue galerie de la Marine. Les deux espaces, construits lors du réaménagement des Ponchettes à la fin du XVIIIe siècle, présentent la même architecture à travées et arcades : sept travées pour le lavoir, six pour la halle aux poissons.
De part et d'autre de ceux-ci, deux passages voûtés relient le quai au cours Saleya.
Juste en face de la galerie de la Marine, et comme pour témoigner de son ancienne fonction, on aperçoit toujours sur le contrefort de la plage le treuil des pêcheurs qui servait à haler les barques de pêche jusqu'au milieu du XXe siècle. Chacune des travées voûtées abritait jadis un banc de poissonnier : elles s'ouvraient côté mer sur le quai du Midi et côté ville sur la ruelle des Ponchettes, parallèle au cours Saleya. Elles ont été murées ultérieurement, lors de l'aménagement du lieu en galerie d'exposition.
Ces sobres architectures de pierre s'accommodent merveilleusement bien de leur nouvelle fonction ; nombre de manifestations, insolites ou prestigieuses, sont organisées tout au long de l'année dans les deux galeries.

UNE BARRE ENTRE
COURS ET MER

LES PONCHETTES
**LONGER LE QUAI DES ÉTATS-UNIS DEPUIS
L'OPÉRA EN DIRECTION DU QUAI ROBA-CAPEU**
TRAMWAY : ARRÊT OPÉRA

Constituant pour ainsi dire la façade maritime de la vieille ville le long du cours Saleya, les Ponchettes offrent l'aspect d'une longue barre de maisonnettes à un étage, surmontée d'une terrasse continue, jadis accessible par un escalier situé au débouché de la rue de l'Opéra.
Si le style de ces constructions offre un éventail des plus hétéroclites, allant du rococo 1900 jusqu'à l'Art déco, en passant par toutes les nuances du régionalisme et du néoclassique, elles datent en fait de la seconde moitié du XVIIIe siècle et occupent l'emplacement jadis dévolu aux fortifications. Elles furent maintes fois remaniées au gré de la fortune de leurs propriétaires successifs.
Ce toponyme (du niçois *li pouncheta* : les petites pointes) s'explique par la proximité des rochers du Château formant une série de petits caps plongeant dans la mer. C'est le site fondateur de la cité : c'est ici que les Grecs débarquèrent pour fonder Nikaia, sur le rocher du Château, au VIe siècle avant notre ère. Ici également, selon la légende, qu'arriva la barque contenant le corps de sainte Réparate, halé par des anges.
Longtemps, cette anse constitua l'unique port de Nice, le port Saint-Lambert. Dépourvu de digue, muni d'un ou deux petits appontements de bois, il était d'une capacité et d'une sécurité très réduites : les plus petits bateaux étaient tirés sur le rivage, les autres restaient à l'ancre devant. Et même si, dès le XIIIe siècle, les gros navires préféraient décharger leurs marchandises dans le port de Villefranche, une activité certaine continua d'animer ce lieu. Nombre de commerces, dont celui du sel, s'y maintinrent jusqu'au creusement du port Lympia dans l'anse voisine au XVIIIe siècle, justifiant la présence de divers bâtiments : gabelle, entrepôts, arsenal, poissonnerie, etc. La pêche s'y perpétua même jusqu'aux années 1960 !

DE LA MAISON DES MORTS...

CIMETIÈRE DU CHÂTEAU
**ALLÉE FRANÇOIS-ARAGON – COLLINE DU CHÂTEAU
(DEPUIS LA RUE CATHERINE-SÉGURANE)**
TRAMWAY : ARRÊT GARIBALDI

Dans chaque ville, une cité des morts double la cité des vivants, offrant dans le silencieux domaine de l'au-delà un juste reflet des vanités d'ici-bas. Le cimetière du Château, bâti sur la colline homonyme, n'échappe pas à la règle et constitue un passionnant résumé de l'histoire des mentalités et de l'histoire de l'art. Son histoire débute en 1783 : un édit du roi de Sardaigne Victor Amédée III défend d'ensevelir les cadavres dans les églises, tant urbaines que rurales ; il s'agit alors de trouver un nouveau site pour y établir un cimetière. La colline du Château, demeurée un terrain vague depuis la destruction de la citadelle en 1706, s'y prête idéalement.

Depuis cette date, les tombes semblent se livrer une rude concurrence, chacune cherchant à se démarquer de sa voisine par tous les artifices possibles, poussant sans doute

parfois leurs architectes à épuiser pour leurs clients posthumes les trésors d'imagination qu'ils leur auraient rarement concédés durant leur séjour terrestre.

Parmi le lot abondant de ces naïves et touchantes manifestations du souci bien humain de pérennité, véritable anthologie du gotha mondain des générations successives, retenons le tombeau de la famille Grosso, couronné d'une superbe colonne sculptée surmontée d'un ange qui semble bénir la ville, le tombeau d'Emil Jellinek, consul austro-hongrois passionné d'automobile, qui donna en 1901 le prénom de sa fille Mercedes aux produits de la Daimler Motoren Gessellschaft dont il avait financé un prototype, et enfin la tombe Gastaud, d'un expressionnisme saisissant, avec sa dalle soulevée par les deux mains de son occupant.

LA TOUR QUI VIT NAÎTRE LE CORSAIRE

TOUR BELLANDA, PARC DU CHÂTEAU
TRAMWAY : ARRÊT OPÉRA
Tél. 04 93 80 47 61

Blottie contre le rocher de la colline du château dont elle semble faire partie intégrante, la tour Bellanda est l'un des éléments les plus marquants du panorama niçois. Bâtie sur les vestiges des fondations d'une acropole, elle surplombe le magnifique panorama de la baie des Anges. De fait, la tour actuelle, qui n'a de fonction que celle de simple belvédère, remplaça en 1825 une tour fortifiée médiévale, la tour Saint-Elme.

Mais ce qui contribua surtout à sa renommée, c'est d'avoir abrité, en septembre 1844, le deuxième séjour niçois de Berlioz qui, sur l'avis de son médecin le docteur Amussat, passa ici quelques semaines pour se remettre d'un surmenage. Il n'y composa certes pas l'ouverture du *Roi Lear*, comme on le prétend quelquefois, mais la première version d'une ouverture, appelée d'abord *La tour de Nice* ; remaniée entre 1846 et 1851, elle deviendra finalement *Le Corsaire*. Il le relate lui-même au chapitre 53 de ses mémoires : "Je ne revis pas sans émotion les lieux où je m'étais trouvé treize ans auparavant, lors d'une autre convalescence, au début de mon voyage d'Italie… Je nageai beaucoup dans la mer ; je fis de nombreuses excursions aux environs de Nice, à Villefranche, à Beaulieu, à Cimiez, au Phare. Je recommençai mes explorations des rochers de la côte, où je retrouvai, toujours dormant au soleil, de vieux canons de ma connaissance ; je revis des anses fraîches et riantes, tapissées d'algues marines, où je me baignais autrefois. La chambre où j'avais, en 1831, écrit l'ouverture du *Roi Lear*, étant occupée par une famille anglaise, j'étais allé me nicher dans une tour appliquée contre le rocher des Ponchettes, au-dessus de la maison."

LE COUP DE
CANON DE MIDI

TERRASSE NIETZSCHE
PARC DU CHÂTEAU
TRAMWAY : ARRÊT OPÉRA OU GARIBALDI, SELON L'ACCÈS CHOISI

Lorsque l'on découvre Nice pour la première fois, on est immanquablement surpris par le coup de canon qui éclate chaque jour à midi précis. On pourrait penser que cette canonnade se réfère à quelque épisode militaire glorieux, mais la vérité est tout autre ! C'est en fait une femme peu ponctuelle qui est à l'origine de ce rite.

Dans les années 1860, un gentleman anglais du nom de Sir Thomas Coventry, s'était installé dans le vieux Nice avec son épouse. Mais bientôt celle-ci, quelque peu encline aux commérages, prit la fâcheuse habitude de prolonger sa promenade matinale, tardant ainsi à rentrer à l'heure du déjeuner. Sir Thomas, ancien colonel de son état, ne l'entendait pas ainsi. Il trouva alors une ingénieuse solution pour remédier au retard de sa moitié : tirer un coup de canon à midi. Sans plus tarder, il fit part de son idée au maire Malausséna, précisant qu'il se chargerait de tous les frais et offrirait le petit canon. La proposition fut acceptée, et l'on installa donc le fameux dispositif destiné à retentir quotidiennement sur la terrasse inférieure du Château, au-dessus de Rauba Capeu. Chaque jour, juste avant midi, un globe coloré était hissé à un mât placé au-dessus de l'hôtel Chauvin où demeuraient les Coventry ; à ce signal, un employé municipal allumait la mèche du canon.

Une fois le couple parti, Nice devint orpheline de sa détonation journalière. Son absence provoqua un tel tollé que pour apaiser les esprits, la municipalité finit par redonner vie à la curieuse pendule : le 19 novembre 2005, on fêta les 120 ans de l'arrêté qui remit en vigueur *lou canoun de Miejour*.

Si aujourd'hui, le "bruit" du canon est rentré dans la coutume niçoise, le petit canon, lui, a bel et bien été remplacé par une bombe d'artifice, tirée du même emplacement.

ULYSSE CÔTÉ JARDIN

PARC DU CHÂTEAU
ACCESSIBLE DEPUIS L'ESCALIER DE LA TOUR BELLANDA, QUAI RAUBA-CAPEU, OU DEPUIS LA MONTÉE ÉBERLÉ, RUE CATHERINE-SÉGURANE
TRAMWAY : ARRÊT OPÉRA OU GARIBALDI, SELON L'ACCÈS CHOISI
Ouvert du 1er avril au 31 mai de 8h à 19h, du 1er juin au 31 août jusqu'à 20h, du 1er au 30 septembre jusqu'à 19h, du 1er octobre au 31 mars jusqu'à 18h.

Les jardins aménagés sur la colline du Château offrent de toutes parts des panoramas exceptionnels sur la ville et la baie des Anges, que ce soit sur le versant ouest accessible depuis la tour Bellanda, ou le versant est, relié au port par une longue rampe. Dans sa partie sommitale, tout autour des vestiges de l'ancien château et sur les terrasses sud, des pavements de mosaïque polychrome ornent les parois et les escaliers. La plupart de ces mosaïques offrent une libre interprétation de la mythologie grecque, en hommage à la civilisation de l'antique Nikaïa fondée sur ce site vers 550 av. J.-C. L'épopée d'Ulysse, héros grec par excellence, est ici plaisamment illustrée par les céramistes Gilly et Catherin qui réalisèrent ces panneaux au début des années 1950. À proximité de la colonnade qui domine les vestiges archéologiques, en contrepoint à ces derniers, Fanny Catherin a réalisé des motifs floraux aux tons vifs évoquant le cycle des saisons.

LE CENTRE-VILLE

DES PALAIS
EN TOUS GENRES

**IMMEUBLES DE NICE DÉNOMMÉS "PALAIS"
ILS SONT LÉGION DANS LE CENTRE-VILLE,
NOTAMMENT DANS LE QUARTIER DES MUSICIENS.
PLUSIEURS D'ENTRE EUX SONT ALIGNÉS SUR
LE CÔTÉ PAIR DE L'AVENUE GEORGES-CLEMENCEAU.**
TRAMWAY : ARRÊT JEAN-MÉDECIN. AU SECOND GRAND
CARREFOUR, FACE À LA CLINIQUE SAINT-ANTOINE,
EMPRUNTEZ LA RUE DURANTE QUI VOUS MÈNERA
RUE ROSSINI, AU CŒUR DU QUARTIER DES MUSICIENS.

Comme toute ville, Nice possède nombre d'édifices publics dénommés palais – de justice, de la préfecture... – ou de riches demeures aristocratiques se prévalant du titre, comme le palais Lascaris. Plus particulière est l'extension de l'appellation à de nombreux immeubles d'habitation. Ce terme de palais correspond à l'usage commun de la langue niçoise où l'on dit *palai* et de l'italien (ou de ses dialectes du Nord) où l'on dit *palazzo*, pour désigner tout immeuble d'habitation, qu'il soit noble ou de simple facture. Lors du rattachement de Nice à la France en 1860, le terme aura tout simplement été repris dans sa traduction française. C'est par un glissement analogue que l'anglais *palace* a fini par désigner également un hôtel de luxe et s'est maintenu dans notre langue avec cette seule acception. Le terme est cependant très daté : il est principalement employé entre 1900 et 1930 ; c'est pourquoi on le trouve très fréquemment inscrit au-dessus des porches d'immeubles de la Belle Époque ou de style Art déco. Ces palais aux architectures fleuries et décoratives sont particulièrement nombreux dans le quartier des Musiciens, essentiellement bâti durant cet intervalle.

SÉRIEUSE DEHORS,
DÉCORATIVE DEDANS

BIBLIOTHÈQUE PATRIMONIALE ROMAIN-GARY
21 BIS, BOULEVARD DUBOUCHAGE
BUS N° 1, 2, 4, 5, 12, 15, 17, 22 & TRAMWAY : ARRÊT AVENUE-JEAN-MÉDECIN
Tél. 04 97 13 36 75. Ouvert du mardi au vendredi de 9h à 21h, le samedi jusqu'à 18h.

La bibliothèque patrimoniale Romain-Gary, ex-bibliothèque Dubouchage sise au n° 21 bis du boulevard du même nom, arbore une belle façade de facture classique. À l'origine, cet édifice bâti à la fin du XIXe siècle était la résidence niçoise d'un riche industriel parisien, M. Rambourg. Au début des années 1920, l'administration de la bibliothèque municipale de Nice, à l'étroit dans ses anciens locaux de la rue Saint-François-de-Paule, rachète la villa Rambourg afin d'y installer une bibliothèque moderne, plus conforme aux besoins d'une grande ville. Les nouveaux locaux sont inaugurés le 4 avril 1925. Le changement de fonction induisant obligatoirement un réaménagement conséquent, l'architecte en charge du projet opte pour une esthétique au goût du jour. Ce qui explique le décor fleuri qui accueille le visiteur pénétrant dans la salle de lecture à l'étage : du sol au plafond, tout y est du plus pur style Art déco. On ne peut qu'être séduit par la belle qualité des matériaux et le soin apporté aux détails. Quant à la fraîche peinture murale qui orne le fond de la salle, c'est un véritable hymne à la Côte d'Azur, signé Édouard Fer. Avec ses quelque 370 000 volumes, dont des perles comme ce missel de 1442 commandé pour la chapelle de la Miséricorde, la bibliothèque Romain-Gary (voir p. 67), ainsi baptisée depuis 2005, possède assurément l'un des fonds les plus intéressants de la région.

UNE BRASSERIE AU CŒUR D'UN ANCIEN MUSIC-HALL

BRASSERIE FLO
2-4, RUE SACHA-GUITRY
BUS N° 1, 2, 4, 5, 12, 15, 17, 22 & TRAMWAY : ARRÊT PLACE-MASSÉNA
Tél. 04 93 13 38 38. Ouvert tous les jours de 12h à 14h30 et de 19h à minuit.

Le visiteur qui franchit la porte de la brasserie Flo, rue Sacha-Guitry, éprouve une grande surprise. Croyant en toute bonne foi pénétrer dans une salle de restaurant, il se trouve plongé dans le décor tout à la fois feutré et solennel d'un ancien théâtre. Il s'agit en fait des vestiges "réadaptés" d'un music-hall des années 1930, transformé en cinéma aux lendemains de la Seconde Guerre mondiale. La salle de restaurant est précédée d'un vaste atrium, qui correspond au hall et au foyer de l'ancien théâtre. Cet espace donne accès à un petit vestibule, distribuant à droite le bar et au fond la salle de restaurant, dont l'entrée est agrémentée d'une belle grille de fer forgé, reconstituée sur des motifs en vogue dans les années 1950. Le bar, très cosy, a conservé à peu près intact son décor d'origine de style Art déco, avec ses chaudes boiseries acajou et ses appliques en pâte de verre. Le restaurant, quant à lui, se déploie dans la salle de spectacle même, à l'emplacement des rangées de sièges, tandis que la cuisine trône sur la scène. Le décor, dans des tons chauds et feutrés, est largement inspiré de l'arsenal formel des années 1930-1940 et fait une utilisation généreuse de l'éclairage indirect. Nonobstant ses vastes proportions, cet établissement a su préserver une atmosphère chaleureuse et intime, qui en fait un lieu très apprécié des Niçois et des étrangers.

LES LUSTRES DE L'ARTISTIQUE

THÉÂTRE DE L'ARTISTIQUE,
AUJOURD'HUI THÉÂTRE DE LA PHOTOGRAPHIE ET DE L'IMAGE
27, BOULEVARD DUBOUCHAGE
BUS N° 1, 2, 4, 5, 12, 15, 17, 22 & TRAMWAY : ARRÊT AVENUE-JEAN-MÉDECIN
Tél. 04 97 13 42 20. Ouvert tous les jours de 10h à 18h, sauf le lundi et certains jours fériés.

La vogue des clubs se développant en Angleterre au XIXe siècle, Nice se met à la page : le Cercle de l'Artistique (ou l'Artistique) est fondé en 1895 par des Niçois soucieux de suivre l'actualité culturelle de Paris. La qualité des manifestations qui s'y déroulent contribue vite à son succès, à tel point que l'Artistique est sans cesse obligé de changer de locaux : une tourelle sur la jetée Promenade, puis des appartements passage Longchamp, boulevard Victor-Hugo et place Grimaldi. En 1910, le club s'installe définitivement au 27 boulevard Dubouchage, dans une villa fin de siècle dotée d'une salle de théâtre l'année suivante. La saison de 1911 s'ouvre avec les débuts de Mlle Argentina, qui allait devenir la célèbre Argentina, la plus grande danseuse espagnole du siècle. Édouard Herriot inaugure un cycle de grandes conférences, tandis que se succèdent les expositions d'artistes tels que Félix Ziem, Jules Chéret, ou Gustav-Adolf Mossa. Nice ne possédant pas de musée jusqu'en 1921, l'Artistique fera jusque-là office de palliatif en matière de galerie d'art. Mais on y organise aussi des concerts où se produisent Camille Saint-Saëns, Jules Massenet et Gabriel Fauré (voir aussi p. 115 et 173). Parmi les fidèles, on trouve Colette, Fédor Chaliapine, Puccini, ou encore Mata Hari…

Malgré des fluctuations, l'Artistique connaît encore des beaux moments durant l'entre-deux-guerres : on s'y presse pour applaudir Georges Duhamel, Paul Claudel, Jules Romains, Sacha Guitry, Yvonne Printemps, ou encore Charles Trenet qui y connaît un succès foudroyant. Les années 1950 marquent le déclin du club, qui vivotera jusqu'en 1994. L'année suivante, la ville rachète les locaux et ouvre en 1999 un forum de la photographie, le théâtre de la Photographie et de l'image. Le visiteur peut encore y voir, conservés dans leur lustre d'antan, certains salons abondamment moulurés et dorés où se pavanaient les divas de la Belle Époque.

MODERN STYLE

IMMEUBLES DE STYLE ART NOUVEAU
2, 4 ET 6, RUE DE LÉPANTE
BUS N° 15, 22 & 30 : ARRÊT DÉSAMBROIS

S'il est très peu représenté à Nice, le style Art nouveau s'illustre cependant assez brillamment au début de la rue de Lépante, tout près du lycée Calmette. Les immeubles situés aux n°s 2, 4 et 6, édifiés dans les premières années du XXe siècle, offrent en effet un bel ensemble de façades caractéristiques de cette tendance. Ces constructions occupent un îlot terminé en pointe, compris entre le passage Meynell, jouxtant le lycée, et la rue de Lépante. Celui-ci se compose d'un immeuble à dôme de cinq étages, sis au n° 2, formant sur la place Sasserno l'angle avec le passage Meynell, suivi de deux immeubles plus bas, de trois niveaux chacun, respectivement aux n°s 4 et 6. L'inscription "palais Pauline" est visible sur le balcon du deuxième étage donnant place Sasserno. Une plaque indique également que le bâtiment était à l'origine la propriété des Cauvin, riche famille niçoise possédant de nombreux immeubles dans la ville. Les élévations très ornementées des trois blocs présentent un décor aux lignes souples, d'inspiration végétale, caractéristique de l'Art nouveau ou *modern style*. Cependant, la construction de l'ensemble, due à l'architecte Bellon, est plutôt tardive, puisque datée de 1906-1911 : à cette époque, ce style apparu dix ans plus tôt commence à s'essouffler dans la capitale. Les façades de ces immeubles nous sont parvenues dans leur jus d'époque, échappant par miracle aux vagues de modernisation successives…

DEVANTURE BYZANTINE

IMMEUBLE LE PALAIS DU CENTRE
6, RUE LAMARTINE
BUS N° 1, 2, 4, 5, 12, 15, 17, 22
& TRAMWAY : ARRÊT AVENUE-JEAN-MÉDECIN

Juste derrière le complexe commercial Nice-Étoile, le rez-de-chaussée du palais du Centre, édifié en 1926 par les architectes Lebègue et Garabed Hovnanian (voir p. 69 et 144), offre un étonnant décor de mosaïque polychrome. À l'origine, le rez-de-chaussée de cet immeuble d'habitation était entièrement dévolu aux établissements Kohl, spécialisés dans le matériel de salles de bain. Si le traitement en parement de mosaïque était de fait assez répandu à cette époque, ce spécimen est bien le seul à Nice à nous être parvenu intact, échappant à la double fureur des modes et de la promotion. Dans un souci d'unité, l'architecte a étendu le décor du magasin à l'ensemble au rez-de-chaussée, englobant la superbe porte d'entrée en fer forgé, enchâssée dans une succession de pilastres à redans. Outre ses qualités de résistance, la mosaïque offre d'incomparables possibilités de polychromie et se prête très facilement aux recherches stylistiques géométriques des années 1920. Les vifs coloris d'ocre orangé et de bleu, rehaussés de tesselles dorées, confèrent à ce décor une note vaguement byzantine, qui n'est sans doute pas étrangère à la jeunesse stambouliote de l'architecte.

T. P. T.

CENTRAL DES PTT
4, RUE BISCARRA
BUS N° 30 : ARRÊT SASSERNO & 38 : ARRÊT PASTORELLI,
TRAMWAY : ARRÊT AVENUE-JEAN-MÉDECIN

Dans les années d'immédiate après-guerre, la Poste (alors nommée PTT : Poste, Télégraphe et Télécommunications) est une institution qui jouit d'un certain prestige, et en tout cas de la vénération reconnaissante des Français. À tel point que lorsqu'il décide de bâtir un central annexe dans l'étroite rue Biscarra en 1951, le Ministère public n'hésite pas à faire appel aux talents d'un grand prix de Rome, Alfred Audoul. Résultat : la superbe façade pourrait fort bien passer pour celle d'un théâtre, avec son impeccable et majestueuse symétrie. Ce souci de symétrie, démentant complètement la fonction abritée, vire quasiment à l'obsessionnel lorsque l'architecte juge nécessaire d'intervertir les lettres du monogramme PTT afin de les plier à ce dogme, obtenant ainsi une composition équilibrée posée en arc de cercle sur la mouluration du portail ! Ici, nulle référence à la vocation "machiniste" de l'édifice, la mouluration soignée des baies et le fond à quadrillage losangé sont caractéristiques d'un style années 1950 encore fortement empreint de motifs Art déco, en vogue une quinzaine d'années auparavant.

PALAIS INDUSTRIEL

IMMEUBLE DES ÉTABLISSEMENTS MÉTALLURGIQUES DESCOURS & CABAUD
25, RUE LAMARTINE
BUS N° 4 & 17 : ARRÊT NOTRE-DAME, LIGNE U : ARRÊT ASSALIT

L'ancien siège des établissements métallurgiques Descours & Cabaud, sis au n° 25 de la rue Lamartine, offre un très intéressant exemple de façade industrielle, d'autant que les architectures qui relèvent de cette veine sont rares à Nice. Bâti en 1897 sur les plans d'un architecte dont le nom ne nous est malheureusement pas parvenu, son élévation juxtapose habilement la pierre, la brique émaillée, la céramique et le métal apparent. Sa composition symétrique met en valeur une travée centrale, détachant au deuxième étage un balcon de fer forgé sur un fond de briques à losanges bleus et jaunes. Le rôle de cette façade étant manifestement de servir de catalogue et de carte de visite au commerce de fer qu'elle abrite, elle préfigure en quelque sorte les sacro-saints principes du rationalisme selon lesquels la façade d'un édifice devrait toujours refléter sa fonction de manière aussi transparente que possible. Ses matériaux (bossage de pierre et brique bleue) renvoient curieusement à un autre édifice niçois qui, lui, ne revendique aucun caractère industriel : le palais Baréty (voir p. 62).

LA CAVERNE DE BEN

IMMEUBLE AYANT ABRITÉ LA BOUTIQUE DE BEN
32, RUE TONDUTI-DE-L'ESCARÈNE
BUS N° 4, 7, 9, 15, 17 & 22 : ARRÊT DÉFLY OU HÔPITAL-SAINT-ROCH

De nos jours, la devanture de l'immeuble ne présente aucun intérêt particulier, et rien ne laisse présumer que c'est là que se joua il y a près de cinquante ans l'un des actes décisifs de l'aventure de l'art contemporain, sous la houlette de Benjamin Vauthier, dit Ben.

Agitateur de la vie culturelle niçoise pendant plus de trente ans, icône contestée mais néanmoins vivante de l'aventure de quelques excentriques inspirés, Ben ne se raconte plus ! C'est au tout début des années 1960 qu'il débute ses activités en ouvrant au 32 de la rue Tonduti-de-l'Escarène, artère des plus paisibles à cette époque, une curieuse petite boutique, à l'enseigne du "Laboratoire 32". Véritable caverne d'Ali Baba, on y trouve (à peu près) tout : disques d'occasion, brocante, etc., mais c'est surtout un lieu d'information et de rencontres artistiques, placé à quelques pas de l'École nationale des arts décoratifs. L'endroit sera fréquenté par une bande d'artistes faméliques qui ne tarderont pas à devenir les espoirs de la très médiatique École de Nice : Arman, Yves Klein, César, François Dufrêne, Raymond Hains, Martial Raysse, Mimmo Rotella, Niki de Saint-Phalle, Daniel Spoerri, Jean Tinguely, Jacques Villeglé, etc.

Quoi qu'en pensent ses détracteurs, Ben restera une sorte de clé de voûte, un stimulant pour la connaissance et la diffusion de l'avant-garde niçoise. Il a dit plus tard : "J'avais pour principe très simple d'exposer tout ce qui me choquait, tout ce qui me paraissait contenir de la nouveauté."

LA RÉSURRECTION DE "L'IDÉAL"

FAÇADE DE L'IDÉAL CINÉMA
4, RUE DU MARÉCHAL-JOFFRE
BUS N° 3, 7, 9, 22 & 27 : ARRÊT GRIMALDI

De cet émouvant témoin du cinématographe d'antan, il ne reste hélas plus guère qu'un pimpant fragment de façade. C'est en effet à la hauteur du n° 4 de la rue du Maréchal-Joffre, pratiquement face à l'église orthodoxe russe Saint-Nicolas-Sainte-Alexandra à laquelle elle offre un amusant contrepoint profane, que l'on découvre l'élévation délicatement galbée de l'ancien Idéal Cinéma, dont l'inspiration effectue une subtile transition entre l'Art nouveau et l'Art déco. Elle est rythmée par quatre pilastres cylindriques qui délimitent cinq niches concaves, ornées en partie supérieure de mascarons à l'antique placés chacun au centre d'un panneau à motif floral stylisé. Le tout, rehaussé de chaudes tonalités rouges et jaunes sur fond blanc, a subi une belle restauration qui restitue toute sa saveur à ce joli morceau d'architecture de loisir. C'est paradoxalement grâce à la récente installation en ces lieux d'une agence de voyage que la façade de l'Idéal doit sa survie. Devenu ultérieurement le Studio 34, l'établissement avait connu bien des avatars durant les dernières décennies, se spécialisant en fin de course dans un genre de projections… pour le moins déconseillées aux âmes prudes et assez peu adaptées, il est vrai, au voisinage immédiat d'un édifice de culte !

RITE CACHÉ

ÉGLISE ORTHODOXE RUSSE
SAINT-NICOLAS-SAINTE-ALEXANDRA
6, RUE LONGCHAMP
BUS N° 3, 7, 9, 22 & 27 : ARRÊT GRIMALDI

L'église orthodoxe russe Saint-Nicolas-Sainte-Alexandra de la rue Lonchamp a une bien curieuse histoire. Bâtie par l'architecte niçois Barraya, sur des dessins de Kondiakoff, architecte de la cour de Russie, elle vit le jour grâce à une souscription lancée à l'initiative du comte de Stackelberg, ambassadeur de Russie à Turin. Son chantier ne fut pas sans surprise, Barraya n'ayant pu résister à la tentation d'enjoliver quelque peu les plans initiaux de son confrère russe, en surélevant de 8 mètres l'édifice, afin de le doter d'une coupole, et ce, sans l'aval de la commission de construction ! Après bien des discussions, cette greffe fut conservée, ladite commission finissant par lui trouver sa raison d'être. Quant à l'iconostase, don de l'impératrice Alexandra Fedorovna, elle fut acheminée depuis Saint-Pétersbourg sur la frégate Olaff, après avoir été démontée en 200 morceaux...

Achevée en 1859, l'église fut consacrée en grande pompe l'année suivante, en présence de la grande-duchesse Maria Nicolaievna et du prince d'Oldenbourg. Mais elle offre de fait une bien curieuse particularité, puisque l'espace dédié au culte se trouve à l'étage, le rez-de-chaussée n'étant occupé que par le logement du prêtre et la bibliothèque paroissiale. Cette bizarrerie est la conséquence indirecte des péripéties houleuses qui entourent la gestation du projet. Celui-ci connut d'emblée l'ostracisme des autorités locales, tant civiles que religieuses, le clergé catholique sarde voyant d'un fort mauvais œil l'installation en plein centre de Nice d'un édifice voué à l'exercice d'un autre rite que le sien. C'est donc afin de ne pas choquer les susceptibilités des uns et des autres et de soustraire pudiquement ces rites étranges à la vue des passants bien-pensants que les promoteurs du projet se résignèrent à transférer l'église à l'étage.

Le musée d'Art moderne et d'art contemporain de Nice, plus communément appelé Mamac, qui se trouve au cœur du vaste complexe édifié par les architectes Yves Bayard et Henri Vidal sur la promenade du Paillon, est un peu la vitrine de la création artistique contemporaine à Nice. Le Mamac est composé de quatre tours carrées de 20 mètres de large et de 30 mètres de haut reliées par des passerelles permettant une visite en rotation. L'espace vacant au centre constitue une place dédiée à Yves Klein et ouverte à la circulation. Les expositions sont consacrées aux diverses tendances de l'art actuel ainsi qu'à ses représentants, et les amateurs de l'art d'aujourd'hui ne seront certes pas déçus par ses programmations. Mais il est un lieu spécifique de ce musée, accessible à tous dans tous les sens du terme (l'accès aux musées de Nice est gratuit), c'est le superbe jardin suspendu, appelé jardin d'Eden, qui en agrémente la partie sommitale. Reliées par autant de passerelles, les terrasses des quatre blocs qui abritent le musée, chacune recouverte d'un jardin, constituent un plaisant chemin de ronde.

Depuis ces jardins agrémentés d'essences méridionales, le regard embrasse une superbe vue panoramique sur la ville : la colline de l'Observatoire au nord, la vieille ville avec ses toits de tuiles rouges et la colline du Château à l'est, la perspective néoclassique de la rue Defly et de l'hôpital Saint-Roch à l'ouest. Et pour achever de vous transporter dans un ailleurs en vous faisant oublier le tumulte de la circulation, des enregistrements sonores restituent l'impression d'une forêt, avec ses chants d'oiseaux et ses bruissements de feuilles...

JARDINS SUSPENDUS

MUSÉE D'ART MODERNE
ET D'ART CONTEMPORAIN DE NICE
PROMENADE DES ARTS
BUS N° 3 : ARRÊT GARIBALDI,
4, 7 & 9 : ARRÊT KLEIN/DEFLY,
6 & 16 : ARRÊT PONT-BARLA OU
PROMENADE-DES-ARTS,
17 : ARRÊT PONT-BARLA OU DEFLY
ET TRAMWAY : ARRÊT GARIBALDI
Ouvert tous les jours sauf le lundi de 10h à 18h. Fermé le 1er janvier, le dimanche de Pâques, le 1er mai, le 25 décembre.
Entrée gratuite.
Visites commentées tous les mercredis à 15h sur réservation (à partir de 5 personnes), 5 € (2,50 € tarif réduit).

LES BŒUFS DU PALAIS BARÉTY

PALAIS BARÉTY
31, RUE DU MARÉCHAL-JOFFRE
BUS N° 3, 9, 10, 14, & 22 : ARRÊT GRIMALDI, 3, 7 & 38 : ARRÊT CONGRÈS/JOFFRE

Les vieux Niçois la nomment familièrement "la maison aux bœufs". En fait, cet imposant immeuble sis à l'angle de la rue du Maréchal-Joffre et de la rue Baréty face au jardin Jean-Moréno, n'est autre que le palais Baréty, demeure érigée en 1897 pour le docteur Alexandre Baréty par l'architecte Lucien Barbet. Afin de glorifier la spectaculaire ascension sociale de son commanditaire, illustre médecin originaire d'une modeste famille de Puget-Théniers et fondateur de l'Academia Nissarda, Barbet n'a pas lésiné sur les moyens. Tous les éléments du vocabulaire éclectique fin de siècle sont convoqués ici, depuis l'appareillage à bossage très florentin, jusqu'au foisonnant décor peint de la frise d'attique, en passant par les médaillons de céramique ponctuant les triples baies de la cage d'escalier – clin d'œil à la tradition toscane des Della Robbia – et l'oriel vitré de la façade sud, référence à l'architecture de villégiature contemporaine, sans oublier, bien sûr, ces étonnantes têtes de bovins couplées deux à deux sous le massif balcon à balustres qui ceint l'étage sommital. Ultime raffinement, mais celui-ci n'est hélas pas visible de l'extérieur : le palais Baréty ouvre côté sud sur un charmant jardin à l'anglaise, véritable copie miniature des parcs parisiens dessinés par Alphand sous le Second Empire.

FRESQUES
BELLE ÉPOQUE

VILLA CARLONIA
SOCIÉTÉ DES LETTRES, SCIENCES ET ARTS DES ALPES-MARITIMES
13, RUE MACCARANI
BUS N° 3, 9, 10, 14, & 22 : ARRÊT GRIMALDI

Au n° 13 de la rue Maccarani, qui relie en plein cœur du centre commerçant de la cité la rue du Maréchal-Joffre à la rue de France, une belle demeure du siècle passé dresse encore, au milieu d'immeubles modernes qu'elle semble défier, sa savoureuse façade jaune ornée de fresques d'un goût très italien. Il s'agit là de la villa Carlonia, dont le destin est associé depuis longtemps à celui de la très érudite Société des lettres, sciences et arts des Alpes-Maritimes. Ladite société, fondée peu après l'annexion de Nice à la France en 1860, est reconnue d'utilité publique par le décret du 25 août 1879, signé par le président de la République Jules Grévy et son ministre de l'Instruction publique et des beaux-arts, Jules Ferry. Depuis, elle s'honore d'avoir compté parmi ses membres des personnalités telles que Camille Flammarion, Frédéric Mistral, Raymond Poincaré, Louis Bertrand ou Denis Puech... Toujours active, elle offre à ses adhérents l'accès à une bibliothèque dont le fonds est constamment enrichi.

Il a fallu attendre 1921 pour que la villa Carlonia, bâtie en 1896 sur les plans des architectes Tournaire et Mars par l'industriel Paul Marguerite de la Charlonie, soit léguée par ce dernier à l'association. Ce qui explique que les fresques, datant de l'origine de la construction, portent encore les initiales MC : Marguerite de la Charlonie. Avec ses murs jaunes, son soubassement à bossage, sa corniche et ses linteaux rehaussés d'un élégant décor de sgraffites ocre rouge (voir p. 89, 115 et 125), le style de l'édifice est très représentatif de l'éclectisme italianisant en vogue à la Belle Époque. Les témoins de ce dernier se font plutôt rares dans le centre de la ville et l'on ne peut que se réjouir du fait que ce bel exemplaire nous soit parvenu, grâce à l'institution qu'il abrite, dans son état originel.

LA BIBLIOTHÈQUE
SECRÈTE DU CHEVALIER

BIBLIOTHÈQUE DE CESSOLE/CENTRE DE DOCUMENTATION DU MUSÉE MASSÉNA
PALAIS MASSÉNA, 65, RUE DE FRANCE
BUS N° 3, 7, 9, 22 & 27 : ARRÊT RIVOLI
Tél. 04 93 91 19 50. Ouvert du lundi au vendredi (sauf mardi) de 10h à 12h et de 14h à 17h.

Il est au cœur du palais Masséna, magnifique villa construite vers 1900 pour le petit-fils du maréchal André Masséna, un espace de pure méditation dont le charme nous ramène un siècle en arrière : il s'agit de l'ancienne salle de lecture de la bibliothèque du chevalier de Cessole. Initialement installée dans les salons Empire de la villa, cette bibliothèque fut léguée en 1936 au musée Masséna, alors récemment créé, par le représentant d'une des plus anciennes familles niçoises, le chevalier Victor de Cessole.

Il s'agit d'une bibliothèque d'érudition d'une qualité exceptionnelle : son fonds ne compte pas moins de 1 825 ouvrages généraux et de bibliophilie, 1 795 livres sur la Provence, la Savoie et l'Italie du Nord, 5 719 sur le comté de Nice et la Côte d'Azur, 435 manuscrits, 4 mètres linéaires de pièces d'archives, 1 400 cartes et plans, 700 estampes... auxquels s'ajoute une riche collection de cartes datant du XVIe au début du XXe siècle ! Mais ici, la qualité du contenant est à la mesure de l'inestimable valeur du contenu : le superbe décor lambrissé fleurant l'encaustique et le vieux cuir de l'ancien cabinet de consultation laisse admiratif plus d'un chercheur passant pour la première fois le seuil de ce lieu chargé de mémoire.

UNE CROIX PEUT EN CACHER UNE AUTRE !

MONUMENT DE LA CROIX-DE-MARBRE
21, RUE DE FRANCE
BUS N° 3, 9, 10, 22 & 52 : ARRÊT GRIMALDI

Au milieu de la rue de France se trouve une place fort à propos nommée place de la Croix-de-Marbre. C'est effectivement sur le trottoir sud de celle-ci, s'élargissant à cet endroit, que se dresse un curieux baldaquin de pierre enserrant une croix de marbre surmontée d'une coupole de tuiles vernissées. L'histoire de cette croix remonte à 1568, lorsqu'elle fut érigée pour commémorer le Congrès de Nice qui avait réuni dans cette bonne ville les trois personnalités les plus prestigieuses du monde occidental d'alors : Charles Quint, François Ier et le pape Paul III.

De fait, le monument que nous voyons aujourd'hui n'est pas exactement tel qu'il se présentait à l'époque. Et pour cause ! La croix connut depuis de nombreuses vicissitudes, victime du temps et des hommes. En 1668, une violente tempête la renverse à terre et la brise. Une première restauration est effectuée en 1773, le conseil communal constatant le mauvais état du monument. Une dizaine d'années plus tard, en 1782-1783, une opération de sauvegarde plus radicale est décidée : on reconstruit le socle en pierre, la coupole est recouverte de 500 tuiles vernissées et la croix consolidée par des soudures au plomb. Seules les quatre colonnes ne sont pas remplacées : elles semblent donc dater de sa construction d'origine en 1568. En 1796, les mesures antireligieuses décrétées par le Directoire lui sont à nouveau préjudiciables : la croix est renversée, cette fois-ci, par la main des hommes. Replacée sur son socle en 1807, un acte de malveillance la renverse de nouveau en novembre 1880. Cette fois, irrémédiablement brisée, on est contraint de la remplacer par l'exemplaire actuel, œuvre du sculpteur Schaeffer.

Au milieu du XIXe siècle, la croix donne son nom à un faubourg situé sur la rive droite du Paillon, vaste jardin potager parsemé de quelques maisons rurales. Celui-ci devient le lieu de prédilection des hivernants anglais qui y établissent une église et un cimetière.

BEAUTÉ ÉLECTRIQUE

IMMEUBLE DE L'ÉLECTRICITÉ MÉDICALE
59, RUE DE LA BUFFA
BUS N° 3, 9, 10 & 22 : ARRÊT RIVOLI

Si son appellation renvoie tout droit aux grands mythes hygiénistes de la modernité et pourrait faire songer de prime abord à quelque réalisation sanitaire de l'entre-deux-guerres, l'immeuble en question sis au 59 rue de la Buffa est bien l'un des plus beaux exemples de l'architecture rationaliste à Nice. L'édifice, daté de 1953, présente une façade à la composition très rigoureuse, dont la symétrie, suggérée au rez-de-chaussée par la courbe concave de l'auvent, est puissamment renforcée par la verticale de la cage d'escalier circulaire qui surgit littéralement du corps principal pour épauler les deux derniers niveaux en gradins. Les fenêtres bandeaux des deux premiers étages se réfèrent à la vocation "médicale" de ceux-ci, tandis que le traitement des étages supérieurs suggère une utilisation plus domestique. On peut apprécier la grande attention portée par l'architecte aux détails, que ce soient les élégants caractères à l'anglaise de l'enseigne surmontant l'auvent, le bas-relief allégorique situé juste au-dessus, le traitement des menuiseries métalliques du long oriel vitré saillant au deuxième étage, ou encore le mur de pavés de verre convexe qui éclaire la cage d'escalier sommitale. Ce dernier détail serait à rapprocher d'un élément analogue que l'on trouve à l'ancien atelier Judex construit en 1940 par Marcel Guilgot, dans le quartier Lympia (voir p. 94).

MARCHÉ ART DÉCO

MARCHÉ DE LA BUFFA
RUE DE LA BUFFA, RUE DU MARÉCHAL-JOFFRE
BUS N° 3, 9, 10 & 22 : ARRÊT RIVOLI, 3 & 7 : ARRÊT RIVOLI/JOFFRE

Au cœur d'un îlot reliant la rue de la Buffa à la rue du Maréchal-Joffre, le marché couvert de la Buffa est une institution souvent menacée mais néanmoins chère aux habitants du quartier. Sa genèse remonte aux années 1920, comme en atteste le décor des façades : certains en attribuent la paternité à l'architecte Marcel Dalmas, co-auteur du Palais de la Méditerranée, d'autres prétendent qu'il s'agit d'un entrepôt à charbon rapidement reconverti en marché. La première hypothèse semble d'autant plus vraisemblable que Dalmas a établi les plans de l'immeuble mitoyen. Malgré ses faiblesses de conception, le lieu possède une indéniable magie ; est-ce son ambiance bon enfant, alignant dans un désordre sympathique des commerces aux enseignes désuètes ? Ou bien le souvenir de la personnalité charismatique qui le hanta jadis : la mère de Romain Gary, fraîchement débarquée de Vilnius avec son fils ? L'écrivain le décrit ainsi dans *La Promesse de l'aube* :
"Ma mère se levait à six heures du matin, fumait trois ou quatre cigarettes, buvait une tasse de thé, s'habillait, prenait sa canne et se rendait au marché de la Buffa, où elle régnait incontestablement. Le marché de la Buffa (…) desservait principalement les pensions de la région du boulevard Gambetta. C'était un lieu d'accents, d'odeurs et de couleurs, où de nobles imprécations s'élevaient au-dessus des escalopes, côtelettes, poireaux et yeux de poissons morts, parmi lesquels, par quelque miracle méditerranéen, d'énormes bottes d'œillets et de mimosa trouvaient toujours moyen de surgir inopinément."

DE BRIQUES ET DE BROC

POSTE THIERS
21, AVENUE THIERS
BUS N° 4, 12, 17 & 23 : ARRÊT GARE-SNCF OU POSTE-THIERS
Tél. 04 93 82 65 00. Ouvert du lundi au vendredi de 8h à 19h, le samedi jusqu'à 12h.

Ce massif édifice de briques rouges édifié vers 1930 à proximité de la gare des chemins de fer sur les plans de Guillaume Tronchet, second prix de Rome, aura fait couler beaucoup d'encre et de salive ! A-t-il réellement été projeté pour la ville de Lille, comme le disent les mauvaises langues, et attribué, dans un égarement administratif, à la ville de Nice ? Il est certain que sa sémantique dénote passablement au milieu des stucs et crépis colorés composant le panorama environnant. Nonobstant l'emploi de 300 000 briques venues d'Italie, on ne peut pour autant taxer son inspiration de mussolinienne : l'origine de son hiératisme serait plutôt à rechercher dans les préoccupations contemporaines de l'école d'architecture hollandaise. Ces considérations dépassées, il est clair que l'on se trouve en présence de l'un des plus beaux fleurons Art déco de l'architecture niçoise. Outre l'incontestable qualité de sa mise en œuvre, la poste Thiers peut s'enorgueillir de posséder trois vitraux de Grüber providentiellement protégés par un classement et des bas-reliefs des frères Martel (dont Mallet-Stevens avait signé en 1926 l'hôtel parisien).

L'ESCALIER DU COLISÉE

**IMMEUBLE LE COLISÉE
10, RUE VERDI**
BUS N° 38 : ARRÊT MOZART OU VERDI, 3 & 7 : ARRÊT CONGRÈS/JOFFRE

Si c'est bien vers la Rome antique que les architectes Arsenian et Hovnanian, également auteurs du Gloria Mansions (voir p. 144), tournèrent leur regard lorsqu'ils réalisèrent en 1930 le Colisée à l'angle de la rue Verdi et de l'avenue Auber, la construction a pourtant de quoi laisser perplexe l'archéologue le plus aguerri... Les maîtres d'œuvre se référèrent-ils uniquement à la sémantique du mot colossal, de *colosseum* ? Imposant, l'immeuble l'est effectivement. Découpé en sections verticales, alternant avant-corps et courettes autour d'un corps d'angle principal, il est l'un des rares ensembles niçois inspiré des gratte-ciel new-yorkais (Rockefeller Center), stylistique indirectement importée par ses auteurs qui avaient fait leurs études à l'université américaine de Constantinople. La verticalité du corps d'angle principal est exploitée au maximum, rehaussée par l'originalité du couronnement qui alterne pergolas et tourelles cylindriques. La décoration est minimale, hormis le rythme créé par les motifs à ligne brisée insérés sous chaque fenêtre, véritables emblèmes du bâtiment. Les courettes verticales creusées dans la masse de la façade octroient un éclairage suffisant aux pièces secondaires, sans souci de promiscuité. Également significatif de l'apport new-yorkais, l'escalier hélicoïdal conçu sur un plan carré est des plus suggestifs, avec à sa base l'oasis minérale du banc de pierre et de la fontaine lumineuse. Parmi les habitants célèbres à le descendre fréquemment, on retient Tino Rossi et Dalida, qui donnèrent en leurs appartements de mémorables soirées...

LES GUIRLANDES
DE LA ROTONDE

IMMEUBLE LA ROTONDE
41, BOULEVARD GAMBETTA
BUS N° 7, 12 & 23 : ARRÊT ALSACE-LORRAINE

Dans le registre de l'Art déco classique, l'architecte Georges Dikansky, par ailleurs auteur du Forum (voir p.71), s'affirme ici en maître. En 1929, la Rotonde déploya avantageusement son opulente façade devant les palmiers du jardin Alsace-Lorraine, à l'angle du boulevard Gambetta et de la rue Caffarelli. C'est tout l'héritage de l'exposition parisienne de 1925 qui y fut illustré de manière à la fois folklorique et monumentale. Positionné sur une parcelle angulaire, le bâtiment marque l'îlot par sa forme cylindrique. Son élévation est sculptée de profondes entailles verticales, de section également cylindrique. La rotonde qui le coiffe, attribut très prisé dans l'architecture niçoise d'alors, abritait en fait plus prosaïquement le réservoir d'eau. Mais l'édifice est surtout remarquable par les mosaïques florales qui en égaient le sommet. Une première frise, qui encadre sous la corniche les fenêtres du cinquième étage, utilise des motifs évoquant plus ou moins des paysages géométriques. Au niveau supérieur, le sommet de l'attique est rythmé de guirlandes de roses stylisées, emblématique du style Art déco. Les ferronneries ouvragées des balcons enserrent d'élégants médaillons en émail coloré, faisant un heureux rappel des mosaïques. Il est à noter que la cage d'escalier de cet immeuble est également spectaculaire, mais l'accès y est moins facile !

LES TOURS FUTURISTES
DU FORUM

IMMEUBLE LE FORUM
45 ET 47, PROMENADE DES ANGLAIS
BUS N° 8, 11, 52 & 59 : ARRÊT GAMBETTA-PROMENADE

Œuvre marquante du même Georges Dikansky, l'un des meilleurs architectes régionaux de l'entre-deux-guerres, le Forum s'est imposé depuis sa construction en 1932 comme un véritable phare signalétique au centre de la promenade des Anglais. Son nom se veut explicitement un hommage à la Méditerranée et à la latinité. À l'origine, ce luxueux complexe de 70 appartements incluait au rez-de-chaussée un vaste cinéma et des boutiques. Si de longue date, le cinéma a été remplacé par une cafétéria, puis par une boîte de nuit, sa façade n'en conserve pas moins fière allure. Le foisonnement architectonique qui s'y déploie propose un audacieux cocktail d'éléments Art déco et modernes, épicés de thèmes futuristes. Doucement infléchie à ses extrémités, comme pour annoncer les voies adjacentes, elle ne serait qu'horizontalité si elle n'était contrariée par les deux verticales de béton qui jaillissent latéralement, excavant son centre pour y enchâsser une loggia dramatisée où un savant système de retraits et de saillies sculpte un jeu d'ombres très photogénique. Mais un ravalement monochrome a passablement affadi l'immeuble, l'amputant au passage de ses attributs les plus marquants, qui en renforçaient le caractère moderniste : les tourelles émergeant des deux épaulements verticaux étaient respectivement couronnées d'une horloge et d'un baromètre, comme pour rappeler au passant pressé les deux paramètres éternels du Temps. Mais par une belle fin d'après-midi ensoleillée, l'effet d'accumulation prismatique des façades demeure tout aussi saisissant, lorsque viennent y jouer les rayons obliques du soleil.

LE PORT
ET NICE EST

RAUBA CAPEU
FIGE L'ÉTERNITÉ

MONUMENT AUX MORTS
PLACE GUYNEMER (QUAI RAUBA-CAPEU)
BUS N° 7, 9, 14, 20, 27, 30 : ARRÊT LE PORT

C'est la colline du Château, épicentre antique de la cité, qui fut choisie en 1927 pour abriter le monument aux morts de la Grande Guerre, construit l'année suivante par Roger Séassal (voir p. 143). D'aucuns prétendent qu'il aurait signé là l'un des plus beaux monuments aux morts de France. Mais ce qui pourrait n'être qu'une comparaison toute relative prend ici une allure d'évidence. Avec la collaboration efficace du sculpteur Jeanniot, l'architecte, futur membre de l'Institut et surtout connu pour la réalisation de nombreux casinos dont le Palm Beach de Cannes, a conçu ici une œuvre allant bien au-delà d'une simple statuaire nécrologique de commande. Y sont gravés les noms des 3 525 soldats niçois morts en 1914-1918, ainsi que ceux des morts de la Seconde Guerre mondiale et des guerres d'Algérie et d'Indochine. Dans le cénotaphe central sont conservées les plaques d'identité des défunts et de la terre prélevée des champs de bataille. Creusée au levant de la saillie rocheuse de Rauba Capeu, à l'entrée du port, l'émouvante rotonde enchâssée dans un arc en plein cintre accueillait symboliquement le voyageur arrivant par la mer, faisant écho aux arcades du palais de la Méditerranée. Pour les deux édifices les plus prestigieux de Nice, c'est la pierre blanche qui a été choisie, elle qui se détache de façon si éclatante sous la lumière du Midi...

LA CHAMBRE DU PHILOSOPHE

IMMEUBLE C. CONSO
38, RUE CATHERINE-SÉGURANE
BUS N° 3, 7, 9, 14 & 27 : ARRÊT MARTIN SEYTOUR/SÉGURANE,
TRAMWAY : ARRÊT GARIBALDI

Frédéric Nietzsche effectua cinq séjours d'hiver à Nice, de 1883 à 1887. C'est dans la petite maison C. Conso, au n° 38 de la rue Catherine-Ségurane, qu'il trouve tout d'abord refuge, au début du mois de décembre 1883. Une plaque posée sur la façade de l'immeuble en évoque le souvenir : "Ici le 2 décembre 1883 Frédéric Nietzsche commença ses séjours à Nice". Dans une lettre datée 4 décembre 1883, le philosophe confie à son ami Peter Gast : "Cette magnifique plénitude de lumière a sur moi, mortel très supplicié (et si souvent désireux de mourir) une action quasi miraculeuse. [...] La partie française de Nice m'est insupportable et forme presque une tache dans cette splendeur méridionale ; mais il y a, en outre, une ville italienne – c'est là, dans les quartiers les plus anciens, que j'ai loué, et lorsqu'on est obligé de parler, c'est en italien : on y est comme dans une banlieue de Gênes." Nietzsche a besoin d'un paysage pour se ressourcer et c'est à Nice et dans ses environs qu'il le trouve. Il effectue des promenades de six à huit heures par jour, qui le mènent sur la presqu'île de Saint-Jean, au mont Boron et sur le chemin qui conduit à Èze, devenu depuis "le sentier de Nietzsche". Non seulement la lumière et le soleil de la Riviera ne se trouvent pas sur des rives plus septentrionales, mais on y découvre également cosmopolitisme, innocence et liberté. La ville baigne à ses yeux dans la philosophie grecque et il y sent quelque chose de "vainqueur et de sureuropéen". Car il se considère méditerranéen plus qu'allemand. Ces éléments alimentent son œuvre en énergie vitale et il jouit à Nice d'un réel état de grâce, entrecoupé bien sûr d'excès de solitude...

PASSAGE DES ANTIQUAIRES

VILLAGE SÉGURANE
28, RUE CATHERINE-SÉGURANE
BUS N° 3, 7, 9, 14 & 27 : ARRÊT MARTIN-SEYTOUR/SÉGURANE,
TRAMWAY : ARRÊT GARIBALDI

Le quartier du port compris entre la rue Bonaparte et la rue Catherine-Ségurane est le secteur de la ville qui présente de longue date la plus grande concentration d'antiquaires après Paris, c'est du moins ce que l'on prétend… Le "village Ségurane" désigne plus particulièrement un ensemble d'une centaine de boutiques regroupées autour d'une vaste cour intérieure, dont l'entrée principale se situe au n° 28 de la rue Catherine-Ségurane, mais qui possède également une entrée secondaire au 2 rue Antoine-Gautier. Le "village" constitue une agréable promenade abritée, qui permet au chineur de découvrir, à travers son dédale pittoresque où les conversations vont bon train, pimentées de tous les accents, des antiquités de nature et de périodes très diverses, de la Haute époque aux années 1960, en passant par le XVIIIe siècle, l'Art nouveau et l'Art déco. Et, bien entendu, ici tout se discute, les goûts comme les prix !
À proximité du village Ségurane, le marché aux puces du quai Lunel, en bordure du port, mérite également un détour.

LA PROMENADE DU PHARE

PHARE DU PORT LYMPIA
QUAI DE L'AMIRAL-INFERNET (EMPRUNTER LA DIGUE)
BUS N° 7, 9, 14, 20, 27, 30 : ARRÊT LE PORT

S'il est un point de vue spectaculaire sur la ville de Nice et la baie des Anges, c'est bien celui que l'on a lorsqu'on parvient à l'extrémité de la digue qui mène au phare du port. L'un des versants de la digue (côté plage) est tapissé d'enrochements sur lesquels, à la belle saison, les baigneurs n'hésitent pas à étendre leur serviette. Sur l'autre versant (côté port), un chemin dallé suit la digue et mène jusqu'au pied du phare. De là, on peut avoir un coup d'œil exceptionnel sur les bassins et les façades ocre du port Lympia, sur la colline du cap de Nice dominée par les créneaux roses du château de l'Anglais, mais également sur toute la baie des Anges, les montagnes environnant la ville, et à l'arrière-plan, au-delà des pistes de l'aéroport, le cap d'Antibes et l'Estérel.

ELLE DOMINE TOUJOURS LES AMIRAUX !

GRUE DU PORT LYMPIA
BASSIN DES AMIRAUX, QUAI DE L'AMIRAL-INFERNET
BUS N° 7, 9, 14, 20, 27, 30 : ARRÊT LE PORT

La société Applevage qui la conçut était établie au 78 de la rue Vitruve à Paris et avait pour spécialité la construction d'appareils de levage et de matériel de travaux publics. C'est en février 1937 que le marché relatif aux grues n°s 13 et 14 du port de Nice est signé entre MM. Postel-Vinay, administrateur d'Applevage, et Preisig, président de la Chambre de commerce des Alpes-Maritimes, suite à un concours ouvert en 1936, auquel participent les principaux fabricants français. Construites durant l'année 1937, les grues sont mises en service l'année suivante.

Gravement endommagées au cours de la guerre, elles sont réparées en 1947. La grue n° 14 fait quant à elle l'objet d'une reconstruction complète en 1956, confiée à la même société Applevage. Elle est rebâtie sur un modèle très proche de l'ancien et en réutilisant au maximum les pièces d'origine. Pour les amoureux de chiffres, l'actuelle grue Applevage n° 14 pèse 83 tonnes ; elle possède une hauteur utile maximale de 22 mètres, une capacité de levage de 5 tonnes et un rayon d'action légèrement supérieur à 15 mètres. Quatre mouvements en régissent le fonctionnement : la translation sur les rails, la rotation de la partie supérieure, le relevage de la flèche et le levage de la benne ou du crochet.

POINTU

PORT LYMPIA
QUAI DES DOCKS
BUS N° 7, 9, 14, 20, 27, 30 : ARRÊT LE PORT

Le pointu est l'appellation niçoise populaire des barques de bois des pêcheurs, souvent peintes de couleurs vives (bleu, blanc, vert, jaune ou rouge) et dotées de nom aux consonances pittoresques… L'embarcation, typique du bassin méditerranéen, possède une forme bien précise : la poupe (partie arrière) est pointue alors que la proue (partie avant) est prolongée par un éperon ou *mourre de pouar* (museau de cochon en provençal). La barque est construite dans diverses essences de bois, suivant les régions (pin, sapin, résineux, etc.). Une des caractéristiques principales est que sa réalisation se fait sans plan, mais à l'aide de gabarits que chaque charpentier garde précieusement. Les charpentiers de marine se faisant de plus en plus rares, les heureux propriétaires de pointus, en véritables connaisseurs, sont ainsi conduits à en exécuter eux-mêmes l'entretien et les réparations suivant les traditions anciennes, que l'on se transmet de père en fils.

Le pointu est traditionnellement mû à la rame, même si depuis les années 1920 le progrès le dote le plus souvent d'un petit moteur monocylindre de type Baudouin. Certaines de ces barques, de taille un peu plus conséquente, sont équipées d'un mât et d'une voile latine.

La famille des pointus comprend une large variété d'embarcations cousines, parmi lesquelles on trouve la gourse de Nice, dérivée du *gozzo* italien (barque tyrrhénienne), la gourse de Toulon, la sétoise, la bette, la tartane, la barque catalane, les barques d'Afrique du Nord, de Malte, de Grèce, les felouques génoises… et les barques du lac Léman !

LA SALAMANDRE DE M. FORNI

MAISON FORNI
8, AVENUE JEANNE-MARLIN
BUS N° 7, 9, 14, 20, 27, 30 : ARRÊT LE PORT, N° 81 : ARRÊT GUSTAVIN/CARNOT

Les petites rues transversales du quartier Lympia, derrière le port, offrent au flâneur attentif de véritables trésors cachés, qui surgissent parfois au détour d'une venelle. C'est le cas ici, au fond de la petite avenue Jeanne-Marlin, qui d'avenue ne possède guère que le nom ! La porte en fer forgé du n° 8 est d'une richesse décorative étonnante, qui contraste avec l'humble sobriété du reste de la maison. Celle-ci est en fait un petit immeuble d'habitation que le ferronnier Marcel Forni avait bâti en 1926, à son usage familial. Au rez-de-chaussée se trouvait initialement son atelier. Sur l'ouvrant de la porte sont représentés trois oiseaux et un serpent au milieu d'un entrelacs de branches fleuries, d'inspiration résolument Art déco. Quant à l'imposte, véritable morceau de bravoure, elle figure un superbe caméléon stylisé, néanmoins rendu avec une grande acuité d'observation. Les reliefs et textures de cet ouvrage de ferronnerie témoignent encore, plus de 80 ans après, de la virtuosité de l'artisan.

VRAIS JUMEAUX

VILLAS CASTOR & POLLUX
17 ET 19, BOULEVARD FRANCK-PILATTE
BUS N° 20, 30 : ARRÊT BLEU-RIVAGE PARC-VIGIER

Les frères jumeaux de l'Antiquité se trouvent côte à côte sur le boulevard Franck-Pilatte, face à l'embarcadère des bateaux en partance pour la Corse. Les inséparables dont il s'agit ici sont deux charmants petits pavillons rescapés d'une autre époque, prétendue Belle à tort ou à raison. Cette paire, édifiée à la fin des années 1880, était en réalité une dépendance précédant une villa plus importante située en retrait, la villa Siresme. Sa façon de revisiter le style classique italien est certes d'une touchante naïveté. Les deux élévations se parent de pilastres, encadrant une baie centrale en plein cintre, d'un entablement mouluré et de balustres. La comparaison entre les deux est aujourd'hui intéressante, car les pavillons, longtemps plongés dans un état de décrépitude avancé, ont enfin bénéficié d'un efficace *lifting*. Castor et Pollux ont donc retrouvé toute la fraîcheur de leurs coloris d'antan, beige rosé pour Castor, coiffé d'une pergola, et gris perle pour Pollux, flanqué de ses deux lions ailés.

UN BASTION
DE LA MODERNITÉ

IMMEUBLE LA MAMOUNIA
21, BOULEVARD FRANCK-PILATTE
BUS N° 20, 30 : ARRÊT BLEU-RIVAGE PARC-VIGIER

Avec la reconstruction du club nautique, le boulevard Frank-Pilatte connaît un regain de vogue dans les années d'après-guerre. Il faut dire que la vue sur la ville et la baie des Anges a tout pour séduire ! Jusque-là le secteur est occupé par des villas entourées de vastes jardins, comme en témoigne encore le parc Vigier. Jean-Marie Le Clézio, lui-même enfant du quartier, situe là ses jeux d'adolescent. Mais la vue est un trésor qui ne saurait laisser longtemps insensible les promoteurs : aussi, cette corniche se bâtit-elle plus densément dès le milieu des années 1950. Construit par l'architecte Nestel en 1957, le Mamounia est l'un des premiers bastions de cette offensive, et sans aucun doute la pièce la plus réussie de l'ensemble.
Si le vocabulaire est encore empreint des tournures stylistiques d'avant-guerre, force nous est de constater que le résultat est d'une incontestable élégance, le moindre détail étant l'objet de soins minutieux.
Des années 1930, on retrouve les balcons arrondis en "baignoires superposées", la mouluration des acrotères, les fenêtres d'angle, les faisceaux verticaux éclairant la cage d'escalier, l'arcade en plein cintre du porche et l'entrée flanquée de deux colonnes. Mais, très habilement adaptés, tous ces éléments sont assemblés avec une belle maîtrise des proportions, sensible notamment au niveau des ouvertures et de l'épaisseur des bandeaux. Ainsi, les baies optent pour une proportion voisine du carré, ce qui permet, dans le cas des fenêtres d'angle, de ménager une allège vitrée. Les balcons s'évasent vers l'extérieur, minimisant les vis-à-vis inopportuns et privilégiant les vues latérales.
Un astucieux dispositif de loggias inséré en partie centrale de la façade ménage une zone d'ombre providentielle devant les séjours exposés au sud. Les palmiers encadrant le bâtiment de leur mince silhouette le pimentent d'une note exotique, bien en accord avec son nom.

SAUT DE L'ANGE

PLONGEOIR DE LA RÉSERVE
RESTAURANT LA RÉSERVE
60, BOULEVARD FRANCK-PILATTE
BUS N° 20, 30 : ARRÊT LA RÉSERVE
Tél. 04 97 08 14 80. Ouvert tous les jours midi et soir.

Le plongeoir de la Réserve fait le bonheur des amateurs de jeux nautiques, cela va sans dire, mais aussi celui des "chasseurs d'images" : son net profil découpé sur l'immensité de l'azur et de la baie des Anges est à l'origine de bien des clichés surprenants. Mais l'aspect que nous lui voyons aujourd'hui, très conforme à l'image épurée et blanche d'une certaine architecture balnéaire, est fort éloigné de celui qu'il possédait à son origine. À cet endroit, à la fin du XIXe siècle, un voilier en ciment avait été bâti sur un rocher, juste au pied de l'hôtel-restaurant La Réserve. D'anciennes photos montrent encore cette insolite caravelle de fantaisie, qui, de fait, ne connut qu'une très brève ère de gloire.

C'est en 1941 que l'architecte René Livieri insuffla une nouvelle jeunesse à ce lieu, en y édifiant un plongeoir à deux niveaux résolument moderne. Juste après la Seconde Guerre mondiale, un ambitieux projet, qui ne vit jamais le jour, prévoyait l'aménagement de La Réserve en un complexe ludo-balnéaire chic, avec casino, piscine en eau libre, solarium, etc.
Fermé durant de nombreuses années, l'élégant restaurant panoramique de l'hôtel La Réserve a rouvert récemment : sous la houlette de son nouveau chef Jouni Tormanen, il propose désormais une cuisine aux accents du monde tout en jouissant d'une vue exceptionnelle sur la baie des Anges. La guinguette du plongeoir est fermée... jusqu'à nouvel ordre.

UN FORTIN DÉDIÉ À L'AVIRON

CLUB NAUTIQUE DE NICE
50, BOULEVARD FRANCK-PILATTE
BUS N° 20, 30 : ARRÊT SAINT-AIGNAN/PILATTE PARC-VIGIER
Tél. 04 93 89 39 78

C'est entre 1948 et 1952 que fut reconstruit l'actuel bâtiment du club nautique, sur l'emplacement d'une installation datant de la Belle Époque qui avait été malmenée durant la guerre, du fait de sa proximité du port. Dans les années 1920 et 1930, Henri Matisse (voir aussi p. 37 et 128) avait été lui-même un fidèle du club. Le nouveau projet aurait été confié à l'architecte Georges Dalmas, fils de Marcel Dalmas et petit-fils de Charles Dalmas, tous deux auteurs du palais de la Méditerranée. Il opte ici pour une architecture dépouillée aux massifs murs de pierre meulière rehaussés de bandeaux blancs et de menuiseries bleues.

Il est vrai toutefois que cet édifice semble hésiter entre deux choix stylistiques diamétralement opposés : l'aspect d'un fortin militaire, accentué par la rudesse de l'appareillage et l'élégance d'un établissement moderne avec ses horizontales filantes et ses baies panoramiques ouvertes sur le large.
Mais le programme sportif s'accommode plutôt bien du côté un peu austère et, depuis bientôt une soixantaine d'années, la silhouette trapue du club nautique est devenue si familière aux Niçois qu'elle finit par échapper à tout jugement esthétique. Son restaurant possède une vue trop exceptionnelle pour qu'on boude son plaisir !

RÊVE MÉDITERRANÉEN

VILLA MARICHU
6, AVENUE JEAN-LORRAIN
BUS N° 30 : ARRÊT THÉODORE-DE-BANVILLE/JEAN-LORRAIN

Le cap de Nice marque la limite orientale de la ville. Propriété quasi unique au début du siècle, le domaine du château de l'Anglais fut morcelé après la Première Guerre mondiale et loti progressivement dès 1927. L'avenue Jean-Lorrain, qui serpente au milieu des villas construites alors, remplace désormais le vieux chemin muletier et présente un catalogue exhaustif des styles en vigueur.

Le néoméditerranéen s'illustre – splendidement – avec la villa Marichu construite par Heitzler en 1929. Cette villa présente deux visages, tout aussi étonnants l'un que l'autre. Côté mer, posée sur de massifs contreforts aux appareillages de pierre brute, elle évoque quelque forteresse échappée d'un décor de Giraudoux. Côté rue, elle déploie une succession de volumes cubiques étirés le long d'un interminable mur d'enceinte rythmé de boules de pierre et rehaussé de ferronneries quasi mycéniennes. Elle confronte ainsi une muraille fortifiée crétoise aux éléments les plus raffinés de l'Art déco : loggia à arcades, oriel en hémicycle, murs délicatement ocrés, balustrades de fer forgé, sols en mosaïque, etc. Immuablement accrochée au flanc de la falaise, la villa constitue une belle métaphore de la pérennité d'une civilisation.

LE FIL À PLOMB
DU CAP DES ANGES

IMMEUBLE CAP DES ANGES
22, AVENUE JEAN-LORRAIN
BUS N° 30 : ARRÊT LES NÉRÉIDES

Par opposition à la villa Marichu qui précède, le curieux petit nid d'aigle prismatique du Cap des Anges ne se caractérise pas au premier abord par des qualités plastiques exceptionnelles. Sa façade sur rue serait plutôt conventionnelle, n'était la drôle de statue qui domine sa terrasse. La façade arrière, avec ses curieux oriels à 45 degrés posés sur les angles, révèle cependant un tempérament beaucoup plus audacieux. Cette amusante interprétation des fortifications voisines de Vauban constitue une prouesse d'autant plus méritoire qu'elle est issue de la seule ingéniosité de son constructeur, un certain M. Albrespit. En 1936, alors âgé de plus de 70 ans, il en conçut les plans et en dirigea l'exécution : accroché par la taille à une corde, il se balançait à l'aide de ses pieds le long de la paroi montée par le manœuvre, afin d'en contrôler l'aplomb. C'est sans doute pour cette raison que, depuis, la statue d'une divinité tutélaire armée d'un fil à plomb garde jalousement l'entrée de la maison !

FOLIE MONGOLE SUR LA BAIE DES ANGES

CHÂTEAU DE L'ANGLAIS
176, BOULEVARD CARNOT
BUS N° 30 : ARRÊT CHÂTEAU-DE-L'ANGLAIS, N° 81 & 100 : ARRÊT MAETERLINCK

Sa silhouette rose bonbon dominant le cap de Nice est devenue si familière que plus personne aujourd'hui ne semble mesurer l'incongruité que représente une telle construction en ce lieu. Les Niçois l'ont très vite baptisée "la Folie de l'Anglais" ou "la Folie Smith" du nom de son constructeur, le colonel Robert Smith. Ce dernier était un authentique colonel de l'armée des Indes, venu s'installer à Nice dans les années 1850 pour y couler une paisible retraite. Ses moyens lui permirent d'acquérir un vaste terrain de 22 000 mètres carrés dominant le port à l'extrême pointe du cap de Nice. Il entreprit alors la construction d'une demeure pour le moins étrange, dont le chantier dura quatre ans et s'avéra ruineux. Avec ses créneaux arrondis et sa massive tour polygonale hérissée de clochetons, son architecture éclectique aurait été inspirée des constructions néo-mongoles sans doute familières au colonel durant ses années de service... Le parc, qui descend jusqu'à la mer, comprend de nombreuses fabriques, tours, belvédères, kiosques et escaliers, relevant toutes du même exotisme fantaisiste. Une chose est certaine : la construction fait couler beaucoup d'encre et de salive. En 1877, l'écrivain et chroniqueur Mayrargue parle "d'une admirable villa où tout ce que l'imagination peut rêver de plus extraordinaire y a été assemblé avec un art exquis". Stéphen Liégeard le juge comme "une bâtisse qui n'est ni un château, ni un palais, ni une tour, ni un bastion, ni une villa, ni une pièce montée, ni un gâteau de Savoie, ni rien qui ait un nom dans aucune langue". À la mort du colonel Smith, en 1875, le château fut acheté par le comte Melchior Gurowsky de Wezele. Dans les années 1920, le domaine est vendu, le terrain loti et l'on perce l'avenue Jean-Lorrain. Après la Seconde Guerre mondiale, la demeure est vendue en copropriété. Un classement de juin 2000 en a protégé les façades et l'ancienne salle de musique.

UNE VIEILLE DAME MYSTÉRIEUSE

VILLA BEAU SITE
17, BOULEVARD DU MONT-BORON
POUR UNE VUE RAPPROCHÉE, PASSER BOULEVARD CARNOT,
EN CONTREBAS DE LA VILLA.
BUS N° 30 : ARRÊT MAETERLINCK/MONT-BORON,
N° 81 & 100 : ARRÊT LES CRÊTES/CARNOT

La villa Beau Site qui dresse fièrement ses terrasses de rocaille décaties et sa tour dentelée au-dessus de la basse corniche est une vieille dame au passé aussi glorieux que tumultueux. Son histoire avait pourtant commencé sous de bien heureux auspices. Reconstruite entre 1885 et 1890 pour le compte d'un riche négociant londonien du nom d'Alfred Larrey par le talentueux Sébastien-Marcel Biasini (architecte de l'hôtel Régina à Cimiez, voir p. 127, 128 et 148), ses jardins en escalier abritent de bien curieuses "fabriques" dans le goût rocaille de la fin du XIXe siècle : la villa les Roches, la villa Hyacinthe et la villa Isba. Avec sa loggia à colonnes corinthiennes et son couronnement de balustres hérissé de statues à l'antique, elle synthétise la quintessence du style éclectique dont cet architecte s'était fait en son temps le champion incontesté. Au XXe siècle, elle fut longtemps la propriété de la harpiste Gisèle Tissier (1896-1988), veuve de l'aquarelliste Paul Tissier et élève de Gabriel Fauré. Celle-ci légua par testament à l'Institut de France sa propriété ainsi que son mobilier et sa collection d'instruments de musique, sous réserve d'y créer une fondation. Depuis son décès, la villa, qui accueillit un temps des concerts de musique de chambre, sombre dans un abandon navrant et un épais mystère entoure son devenir...

UN SECOURS PANORAMIQUE !

ÉGLISE NOTRE-DAME-DU-PERPÉTUEL-SECOURS
34, BOULEVARD DU MONT-BORON
BUS N° 30 : ARRÊT MIRAMAR, N° 81 & 100 : ARRÊT LES CRÊTES/CARNOT

Juchée sur le boulevard du Mont-Boron, au beau milieu d'une colline surplombant le port, l'église Notre-Dame-du-Perpétuel-Secours se love au cœur d'un lotissement de villas rococo construites au début du XXe siècle.

Cet édifice, auquel on accède par un escalier descendant sur la route, réussit le difficile pari de concilier en une synthèse aussi habile que savoureuse les styles néo-byzantin et Art déco. Il a été réalisé en 1927 par le talentueux architecte Jules Febvre (1859-1934, voir p. 96 et 123) qui avait débuté l'année précédente l'édification de l'église Notre-Dame-Auxiliatrice.

De plan carré, l'église est surmontée d'une lanterne octogonale. Elle est précédée d'un porche fermé coiffé d'un toit dont l'élégante inflexion convexe prend des airs d'orient. Mais c'est surtout le riche décor de sgraffites (voir aussi p. 63, 115 et 125) soulignant ses quatre rangs de corniches superposés qui retient l'attention ; ses profonds tons d'ocre rouge ont conservé leur intensité d'origine et il témoigne de la permanence de cette tradition importée d'Italie, à une époque où elle marquait cependant un net recul, face aux canons de la modernité ambiante.

DE NICE À VILLEFRANCHE, PAR LE SENTIER DE GURNÉE

SENTIER DE GURNÉE
ACCÈS INFÉRIEUR : AVENUE JEAN-LORRAIN, AU NIVEAU DU RESTAURANT COCO BEACH
BUS N° 30 : ARRÊT THÉODORE-DE-BANVILLE/JEAN-LORRAIN
ACCÈS SUPÉRIEUR : BOULEVARD DU MONT-BORON, FACE À LA ROUTE FORESTIÈRE DU MONT-BORON
BUS N° 30 : ARRÊT MAETERLINCK/MONT-BORON

Tout comme Rome, Nice est bâtie sur des collines, ce qui n'est pas sans conséquence sur le tracé de sa voirie. Dans les secteurs les plus escarpés, il n'est pas rare que les rues serpentent sur plusieurs kilomètres avant de parvenir à leur terme. Aussi, les collines niçoises virent-elles très tôt proliférer une multitude de petits raccourcis à flanc de coteau : tour à tour chemins de traverse, raidillons, rampes ou escaliers, ils illustrent le théorème selon lequel "la ligne droite est la plus courte distance d'un point à un autre", et coupent tout droit à travers les fortes déclivités, défiant les longs virages en épingle à cheveux.

Dans le quartier du Mont-Boron, le sentier de Gurnée en est une plaisante et spectaculaire illustration.

Sa première section prend naissance sur l'avenue Jean-Lorrain, au niveau de Coco Beach : ce n'est là qu'une raide sente herbeuse qui rejoint le boulevard Carnot, se frayant un passage au beau milieu des essences maritimes. On trouve ensuite le deuxième tronçon : un escalier à larges degrés qui, tout en ménageant une vue imprenable sur la baie des Anges, mène directement le promeneur sur le boulevard du Mont-Boron. S'il le remonte jusqu'à l'église Notre-Dame-du-Perpétuel-Secours, il trouvera, jouxtant celle-ci, le chemin des crêtes qui s'élance cette fois à l'assaut du mont Boron, rejoignant le fort du Mont-Alban : belle promenade en perspective !

EN SUIVANT COCO...

SENTIER DU LITTORAL, DIT DE COCO BEACH
RESTAURANT COCO BEACH
2, AVENUE JEAN-LORRAIN
BUS N° 30 : ARRÊT THÉODORE-DE-BANVILLE/JEAN-LORRAIN.
Tél. 04 93 89 39 26
Ouvert le lundi soir et du mardi au samedi, midi et soir.

Un autre sentier, tout aussi spectaculaire que le sentier de Gurnée, mais bien plus long, est le sentier du littoral, dit de Coco Beach, qui mène du célèbre restaurant de poissons Coco Beach jusqu'à Villefranche, en offrant une promenade continue en bordure de mer. On y descend depuis l'avenue Jean-Lorrain par un petit escalier en raidillon situé juste à côté du restaurant, puis on longe l'étroit couloir empierré ménagé au creux des rochers, bénéficiant d'incomparables paysages marins, renouvelés à chaque détour du sentier, rehaussés par les subtiles variations de la lumière du jour. Le parcours est d'autant plus varié que le sentier se décompose en trois tronçons distincts. Le premier et le plus ancien nous mène de la plage de Coco Beach, située sous le restaurant, jusqu'au cap de Nice, d'où l'on découvre un superbe point de vue en contre-plongée sur l'ancien palais Maeterlinck (voir p. 93). Cette section, dont l'aménagement remonte aux années 1920, franchit une distance de 680 mètres. Le second, qui conduit du cap de Nice à la pointe des Sans-Culottes, très escarpé, traverse sur 500 mètres une zone d'éboulis et de falaises abruptes. L'ultime, enfin, qui longe le versant oriental du mont Boron, est actuellement en cours d'aménagement ; il reliera bientôt la pointe du Gaton, située juste après la pointe des Sans-Culottes, à Villefranche-sur-Mer, en passant par la pointe de l'Étoile, la pointe de la Rascasse et la pointe Madame, couvrant au total plus de 1 400 mètres. Un itinéraire aux noms évocateurs, qui ont un fort avant-goût d'embruns, ménageant de superbes vues sur le cap Martin.

LE PALAIS DE MAURICE

RÉSIDENCE PALAIS MAETERLINCK
30, BOULEVARD MAURICE-MAETERLINCK
BUS N° 81 & 100 : ARRÊT MAETERLINCK

En rejoignant la basse corniche, une fois dépassée la masse fraise du château de l'Anglais (voir p. 87), on atteint à l'extrême limite de la ville les impénétrables murailles d'une propriété de rêve : l'ancien palais Orlamonde, édifié à l'orée des années 1920 par l'auteur du livret de *Pelléas et Mélisande*, Maurice Maeterlinck. Sommes-nous là dans le sombre château du vieux roi Golaud, dominant du haut de ses abruptes falaises les flots déchaînés ?

C'est bien un rêve brumeux du plat pays qui est ici confronté aux rivages de la Méditerranée de Dante. Le cyclopéen palais de marbre polychrome acquis par le chantre du symbolisme résista au temps, figé dans son fier abandon jusqu'au début des années 1980. Cette invraisemblable construction, somptueusement inutile, issue de l'imagination gothique de l'écrivain, présentait sur un rude bosselage évasé, entouré de jardins à la française, une élévation toute classique.

À l'est, surplombant la mer, une série d'arcades en pierre blanche dissimulait une double colonnade abritant des bassins, face au monumental portail de fer forgé de l'entrée. À l'ouest, l'arrivée à la propriété se faisait sur une façade italianisante, ornée d'un simple balcon circulaire, très *Roméo et Juliette*. Une immense galerie shakespearienne à double hauteur courait en partie arrière, excavée dans le roc. Au bout, un escalier donnait accès à la grande salle d'apparat au plafond recouvert de fresques, où trônait une longue table de marbre. Les appartements de Madame et Monsieur étaient situés de part et d'autre, au levant et au couchant. Éternellement inachevé, le songe minéral de Maurice Maeterlinck s'assoupit avec l'inéluctable avènement de la modernité, gardé jusqu'à la fin par le poète halluciné qui terminera là le crépuscule de sa vie, errant dans les jardins, carabine au poing et tirant sur les ombres de ses personnages enfuis à jamais... Ce qui en reste, un temps transformé en hôtel de luxe, est devenu une résidence privée.

MODERNE, ÉLÉGANT ET... POLYVALENT !

ANCIENS ÉTABLISSEMENTS JUDEX, AUJOURD'HUI NICE ÉLITE SPORT
21, BOULEVARD CARNOT
BUS N° 81 & 100 : ARRÊT GUSTAVIN/CARNOT

Ce bâtiment longiligne qui marque après le port de Nice le départ du boulevard Carnot en direction de la basse corniche a une histoire un peu particulière, changeant plusieurs fois de destination au cours de son existence. Il a été construit en 1940 par l'architecte Marcel Guilgot, qui avait été l'associé de Charles et Marcel Dalmas, les constructeurs du palais de la Méditerranée, afin d'abriter l'atelier d'horlogerie Judex replié à Nice à cause de la guerre. Il devint ensuite de nombreuses années durant le magasin d'exposition de la société Drago, (c'est d'ailleurs sous ce nom que bien des Niçois le désignent encore) avant d'être récemment reconverti en salle de sport. Le galbe élégant de cette architecture sobre et sans fioriture épouse merveilleusement l'inflexion de la voie. La forme est magnifiée par le mur en pavés de verre circulaire qui marque à son extrémité orientale l'entrée du bâtiment, ponctué latéralement de trois hublots qui confèrent à cet édifice situé à proximité du port une connotation navale du plus heureux effet.

LES LAVANDIÈRES
DU PAILLON

LE PAILLON
**EMBOUCHURE : FACE AU THÉÂTRE DE VERDURE,
1, PROMENADE DES ANGLAIS**
BUS N° 8, 11 & 52 : ARRÊT CONGRÈS/PROMENADE
**EN AMONT : DERRIÈRE LE PALAIS DES EXPOSITIONS,
BOULEVARD JEAN-BAPTISTE-VÉRANY**
BUS N° 4, 6 & 16 : ARRÊT PALAIS-DES-EXPOSITIONS,
TRAMWAY : ARRÊT PALAIS-DES-EXPOSITIONS

Nice fait partie de ces villes qui ont la double chance de bénéficier de la proximité de la mer et d'être bâties de part et d'autre d'un cours d'eau. Si le Paillon n'a certes pas ici la majesté du Tibre ou de la Seine, il n'en est pas moins un élément qui a très tôt structuré la cité. Il est formé par la réunion de quatre bras principaux, venant respectivement de Levens, l'Escarène, Contes et Laguet. Son parcours de 35 kilomètres trouve son terme sous le jardin Albert Ier où il se fond dans la mer. Si elles servent de défense naturelle à la ville médiévale blottie contre la colline du château, ses eaux sont également indispensables au développement de la vie : elles alimentent moulins, tanneries et corderies, elles irriguent les champs alentour, font le bonheur des pêcheurs et permettent aux paysans d'y abreuver leurs bêtes. Dès 1820, la municipalité fait aménager des quais depuis le Pont-Vieux jusqu'à son embouchure, formant à la fois un agréable lieu de promenade et des digues efficaces contre ses crues, le petit filet d'eau pouvant occasionnellement se transformer en torrent. La corporation niçoise la plus nombreuse à en tirer profit est bien celle des *bughadieras*, dont est issue l'héroïne locale Catherine Ségurane (voir p. 32). Jusqu'au début du XXe siècle, ces lavandières y font leur lessive et étendent leur linge sur les berges de galets. Nombre de cartes postales anciennes nous les montrent, frappant le linge de leurs battoirs massifs ou papotant dans une langue qu'on imagine des plus fleuries...

DENTELLE
DE BÉTON

ÉGLISE NOTRE-DAME-AUXILIATRICE
PLACE DOM-BOSCO
BUS N° 4, 6 & 16 : ARRÊT GRAND-PALAIS

Tout près du palais des Expositions, au pied de la colline de Cimiez, on aperçoit une curieuse église attenante à l'école professionnelle Dom Bosco. L'influence d'Auguste Perret s'y ressent fortement : c'est bien en effet l'héritage spirituel de ce poète du béton qui se propage jusque sur les rives de la Méditerranée, à l'église Notre-Dame-Auxiliatrice. Son architecte, Jules Febvre (voir p.89 et 123) – un enfant du pays – se réfère avec déférence au modèle de l'église du Raincy (1923). Et c'est pourtant ici, à Nice, que les claustras testés par les frères Perret sous des cieux septentrionaux semblent trouver leur opportunité climatique. Intermédiaire entre le temple romain et le silo à grains piémontais, l'édifice est cependant d'une grande élégance, avec ses corniches à frises d'acanthes et le filigrane de ses murs ajourés. À l'intérieur : les parois de pavés de verre de couleur offrent une alternative aux traditionnels vitraux et les peintures à fresque du peintre Eugène Doucet (voir p. 110) brossent une Antiquité biblique revisitée par l'imagerie contemporaine de Cecil B. DeMille.

ABATTOIR
AUX ARTISTES

ANCIENS ABATTOIRS DE LA VILLE DE NICE
89-91, ROUTE DE TURIN
BUS N° 6 : ARRÊT ABATTOIRS

La plupart des grandes villes françaises possèdent encore d'intéressants témoignages de l'architecture industrielle des époques passées. L'un des plus beaux fleurons niçois est sans aucun doute constitué par les anciens abattoirs situés route de Turin, au cœur du quartier populaire de Bon Voyage.

D'une superficie totale de 22 500 mètres carrés, ce bâtiment aux façades linéaires est l'œuvre d'un des plus talentueux architectes niçois du XXe siècle, Richard Laugier, qui signa également dans les mêmes années 1950 le palais des Expositions du parvis de l'Europe, dont la façade a malheureusement été défigurée dans les années 1980 par la construction de deux hôtels formant verrue. Les abattoirs ont eu plus de chance, car malgré les mutations fonctionnelles, ils ont conservé à peu près intact leur aspect d'origine. À l'époque de leur construction, ils figuraient parmi les plus modernes d'Europe.

Au rez-de-chaussée, les longues enfilades de salles présentent toujours les boxes de stockage des viandes, tandis qu'à l'étage, auquel on accède par une étonnante cage d'escalier, véritable manifeste d'architecture fonctionnaliste, s'alignent le long d'interminables corridors les bureaux des chevillards, les grossistes en viande. Sur la terrasse, on trouve encore les ateliers de conditionnement sous vide des magasins Prisunic.

La gigantesque salle d'abattage (qui servit maintes fois de décor à des films d'horreur) et le grenier de séchage des peaux, équipé d'un ingénieux dispositif de claires-voies en ciment, impressionnent également.

L'abattage a pris fin en 1988 et la vente de la viande en 1999 ; les bâtiments abritent depuis lors les dépôts de matériel de la ville de Nice. Celle-ci a récemment initié un vaste projet baptisé Chantier Sang Neuf (109) visant à transformer ces espaces en un lieu culturel ouvert aux artistes de Nice et d'ailleurs.

BAROQUE DE SAINT-ROCH

ÉGLISE SAINT-ROCH
PLACE SAINT-ROCH
TRAMWAY : ARRÊT SAINT-ROCH

Si l'architecture baroque est chez elle à Nice, on peut cependant être surpris de trouver un ultime représentant de ce style dans le quartier de Saint-Roch, loin derrière le port Lympia. De fait, c'est lors de la peste de 1631 que les habitants du secteur agricole de Roquebillière et de Riquier firent la première fois le vœu d'édifier une église dédiée à saint Roch, patron des pestiférés. La première chapelle Saint-Roch fut terminée en 1660 par le maître maçon Joseph Pisano. Devenue trop petite, les habitants décidèrent en 1771 de construire une nouvelle église ; elle sera édifiée de 1788 à 1790.

L'église fut agrandie et restaurée une première fois en 1892, puis de 1980 à 1989, lorsque la façade fut repeinte en trompe-l'œil selon des motifs reconstitués à partir de documents anciens (voir p. 18). Elle est construite selon un plan centré en croix grecque, sa rotonde à coupole de 12 mètres de diamètre étant flanquée de quatre travées égales.

Ce schéma, rare en France, est dû à l'influence de l'église orientale, Nice dépendant alors de la Sardaigne. Les chapiteaux des piliers qui soutiennent le tambour de la coupole sont à fleurs de lotus, curieux motif qui rappelle la faveur de l'égyptologie ambiante de la toute fin du XVIIIe siècle. Quant au grand lustre de cristal suspendu au centre de la coupole, son origine est bien récente et profane puisqu'il éclairait jadis les fastes du casino de la Jetée Promenade !

La chapelle de la Vierge-Marie présente deux sculptures intéressantes : une statue de Marie taillée dans un bloc de marbre blanc de 700 kg et, à droite, une magnifique statue de saint Roch avec son chien, en bois polychrome, provenant probablement de la chapelle primitive de 1660.

LA MAISON DES DIABLES-BLEUS

CASERNE AUVARE
28, RUE DE ROQUEBILLIÈRE
BUS N° 20 : ARRÊT AUVARE

Très représentative de l'architecture militaire de la IIIe République, avec son sage alignement de fenêtres à encadrements de brique, la caserne Auvare qui héberge aujourd'hui les bureaux de la police fut à l'origine édifiée pour abriter le 52e régiment de Chasseurs alpins. Les bâtiments parallèles s'organisent autour de grandes cours, réparties de part et d'autre de la rue de Roquebillière. Son édification remonte aux années 1886-1888, lorsque, pour faire face aux revendications italiennes sur la région de l'Authion et de Sospel, l'état-major français renforce le système de défense sur tout le territoire des Alpes-Maritimes. On décide alors la construction de nouveaux logements militaires dans la campagne niçoise : ce furent les casernes de Riquier (Saint-Jean d'Angély) et de Saint-Roch (Auvare). D'une étendue totale de 124 hectares, ces quartiers accueillent 5 000 hommes, les nouveaux chasseurs alpins créés en 1888 pour répondre aux troupes alpines italiennes. Ces soldats faisaient leurs exercices quotidiens sur la place d'armes située depuis 1823 à l'emplacement de l'actuel palais omnisports Jean-Bouin. Dans ce secteur alors désert, les entraînements ne dérangeaient guère les habitants. Situé en bordure du Paillon, ce vaste rectangle de 125 mètres sur 240 mètres était entouré de peupliers et ceint d'un mur de 3 mètres de haut. Nice vivait alors au rythme de ses garnisons, comme en témoigne encore le nom des rues du quartier : boulevard de l'Armée-des-Alpes, place de l'Armée-du-Rhin, place du XVe-Corps, avenue des Diables-Bleus... Ce dernier surnom fut donné par les Allemands aux Chasseurs alpins lors de la Première Guerre mondiale afin de saluer leur vaillance dans les tranchées.

C'est depuis la caserne Auvare que les troupes d'occupation allemandes canonnèrent la ville le 28 août 1944, lors des combats de la Libération.

NICE NORD

LES DÔMES
DE LA LIBÉRATION

IMMEUBLES 1900
5 ET 7, PLACE CHARLES-DE-GAULLE
TRAMWAY : ARRÊT LIBÉRATION

Signés par deux architectes locaux, les beaux immeubles à dôme qui ferment la longue perspective de l'avenue Malausséna sur la place Charles-de-Gaulle, face à la façade fière mais décatie de l'ancienne gare du Sud, sont d'intéressants fleurons de l'architecture haussmannienne. Le premier, au nord de la gare, à l'angle de l'avenue Malausséna et du boulevard Joseph-Garnier, date de 1906. Il est dû au crayon talentueux de Charles Dalmas, futur auteur du palais de la Méditerranée (voir p. 67 et 126) et fut édifié pour le conseiller municipal Donadeï. Son architecture éclectique, faisant d'amples références aux styles du passé, notamment au XVIII siècle français, est symptomatique de la première manière de son auteur. Le second forme au fond de la place l'arc de cercle compris entre le boulevard Joseph-Garnier et l'avenue Borriglione. Il est l'œuvre de l'architecte Bermond, qui le réalisa deux ans plus tard, en 1908. Son ample façade arbore une composition symétrique et possède deux entrées sur la place Charles-de-Gaulle. Par un curieux caprice de l'histoire, à Nice où nombre d'immeubles bourgeois s'enorgueillissent de l'appellation de "palais", le n° 5 a été l'objet d'une "dépalatisation" : en effet, le mot *palais* se lit au-dessus du porche sous une couche de peinture, sans qu'il soit possible de distinguer le mot qui suit !

ÉTALS

MARCHÉ DE LA LIBÉRATION ET DOCKS DE LA RIVIERA
PLACE DU GÉNÉRAL-DE-GAULLE (À L'ANGLE DE L'AVENUE MALAUSSÉNA ET DU BOULEVARD JOSEPH-GARNIER), RUE FLAMINIUS-RAIBERTI
TRAMWAY : ARRÊT LIBÉRATION
Ouvert du mardi au samedi de 7h à 13h.

Le marché de la Libération est une véritable institution niçoise. Implantés sur le pourtour de la place du Général-de-Gaulle (successivement appelée place Gambetta, puis place de la Libération), les marchands de primeurs et les écaillers se sont longtemps organisés de façon empirique, leurs éventaires colorés gagnant peu à peu sur l'avenue Malausséna et le boulevard Joseph-Garnier. C'était chaque matin dès l'aurore un joyeux tohu-bohu, au milieu de la circulation automobile, nourrie à partir de dix heures. Mais le tracé du tramway, remodelant l'aspect du quartier, a mis de l'ordre : fini le chassé-croisé des autos, des bus et des piétons, assortis parfois d'interjections sonores. Désormais, de part et d'autre des rails, s'alignent de petits édicules à résille métallique d'allure très *high tech* : à chaque vendeur son stand.

À l'angle de la rue Flaminius-Raiberti, une façade rouge aux poutraisons de béton très Art déco attire notre regard : il s'agit des docks de

la Riviera, édifiés entre les deux guerres, qui continuent de témoigner authentiquement de la veine populaire et commerçante du quartier. Pénétrer à l'intérieur et parcourir ses allées résonnant d'une savoureuse gouaille vaut largement la peine qu'on y consacre quelques instants : ici, le folklore n'a pas disparu, la plupart des commerçants tiennent leur stand depuis des lustres, certains l'ayant hérité de leurs parents. Fromagerie, boucherie, charcuterie, poissonnerie, primeur et salaison font bon ménage. Le client est traité en habitué, un peu comme un membre à part entière de la grande famille du marché, et il n'est pas rare qu'on l'y interpelle par son prénom !

PALAIS
DU RAIL

ANCIENNE GARE DU SUD
PLACE DE LA GARE-DU-SUD
TRAMWAY : ARRÊT LIBÉRATION

Ainsi nommée communément par les Niçois, l'ancienne gare des Chemins de fer de Provence a été ces dernières années l'objet d'un débat passionné, où la politique et l'affect s'imbriquent étroitement. Classée in extremis aux monuments historiques en septembre 2002, la façade de l'ancienne gare se dresse à l'extrémité de l'avenue Malausséna, marquée par les outrages du temps et faisant immanquablement songer à une autre non moins fameuse façade de Nice, celle du palais de la Méditerranée qui resta plus de dix ans en attente d'un sauvetage.

Construite en 1892 pour le compte de la Compagnie des chemins de fer du Sud de la France par l'architecte Prosper Bobin, lui-même élève d'Hittorff, l'auteur de la gare du Nord à Paris, la gare du Sud est l'ancien terminus de la ligne à voie métrique reliant Nice à Digne-les-Bains.

Sa façade établit un compromis entre éclectisme et rationalisme : son imposant pavillon central percé d'une large verrière en plein cintre est couronné d'un fronton triangulaire flanqué de deux pots à feu. Deux pavillons symétriques surmontés de frontons similaires l'entourent. Les murs alternent un remplissage de briques polychromes agrémenté de mosaïques avec des éléments structurels (chaînages d'angle, colonnes et entablements) en pierre.

À l'arrière de ce décor, une structure métallique de dimensions imposantes : 23 mètres de large, 18 mètres de haut et 87 mètres de long, abritait les quais. Inspirée de l'architecture contemporaine de Gustave Eiffel, elle résulte du réemploi du pavillon de la Russie et de l'Autriche-Hongrie à l'Exposition universelle de Nice de 1889.

Après la Seconde Guerre mondiale, la compagnie connaît des difficultés d'exploitation : la ligne de Meyrargues est fermée, seul le tronçon Nice-Digne demeure exploité. La gare du Sud est définitivement fermée en décembre 1991, et le terminus de la ligne transféré en amont dans un bâtiment minimaliste.

LE "PASSAGE À NIVEAU"

CARREFOUR DU 28 AOÛT
BUS N° 4 & 7 : ARRÊT PASSAGE-À-NIVEAU/GAMBETTA

Cher au cœur des vieux Niçois, le carrefour du 28 août est l'un des endroits les plus populaires du quartier de la Libération. Familièrement nommé le "passage à niveau", bien qu'aucune barrière ne matérialise cet équipement, il doit son appellation à la traversée du carrefour par les voies du chemin de fer de Provence. Les barrières amovibles dont la montée et la descente rythmaient les heures de la journée ont été retirées il y a une trentaine d'années, la lenteur toute débonnaire avec laquelle les convois du train des Pignes négocient la courbe joignant l'avenue Gambetta au boulevard Joseph-Garnier ne justifiant plus leur présence.
On se souvient encore du marchand de pizzas installé, il y a de cela quelques lustres, dans le petit édicule métallique (un ancien wagonnet reconverti) posé au bord de la voie, au beau milieu du carrefour. Un obélisque et une plaque, situés de part et d'autre de celui-ci, rappellent au passant que le "passage" fut aussi un haut lieu de la Résistance niçoise. C'est ici en effet que débute en août 1944 l'insurrection contre l'occupant. Le dimanche 27, les FTPF (Francs tireurs et partisans français) et FFI (Forces françaises de l'Intérieur) réunis au palais Stella, 22, boulevard de Cessole, décident que le combat libérateur commencera le lendemain matin à 6h30. Récupérant deux mitrailleuses lourdes dans la remorque d'un camion allemand, les partisans forment une barricade. Les combats qui coûtent la vie à six d'entre eux durent toute la matinée, au terme de laquelle beaucoup d'Allemands sont faits prisonniers, les autres s'enfuyant à pied en se cachant derrière les platanes du boulevard.

LA SOURCE
DE FUON CAUDA

SQUARE ROLAND-DORGELÈS
À L'ANGLE DE L'AVENUE ROMAIN-ROLLAND ET DE L'AVENUE SAINT-LAMBERT
BUS N° 23 & 63 : ARRÊT MONPLAISIR OU RAIBERTI, TRAMWAY : ARRÊT BORRIGLIONE

L'entrée du square Roland-Dorgelès s'agrémente d'une petite fontaine circulaire qui peut passer inaperçue de prime abord. Elle n'en revêt pas moins une réelle importance : il s'agit en fait d'une très vieille fontaine de Nice, rénovée et remise au goût du jour, la *fuon cauda* (la fontaine chaude, l'orthographe niçoise exacte est *fouònt*), qui avait vraisemblablement été construite à l'origine sur l'emplacement d'une source thermale d'eau chaude. Celle-ci avait jadis donné son nom à tout le quartier, et plus particulièrement à la voie qui y conduisait, formée des actuelles rue Joseph-et-Xavier-de-Maistre et avenue Romain-Rolland. Vers 1880, M. de Villermont, riche propriétaire foncier, offrit à la Ville de lui céder l'avenue Fuon-Cauda, qui constituait jusqu'alors une voie privée de sa propriété, à condition qu'elle soit prolongée. Mais les frais étaient conséquents et c'est un autre donateur, M. Baquis, qui en acquitta le montant, exigeant que la nouvelle voie soit dénommée... avenue Monplaisir ! Cette impasse, plutôt qu'avenue, est bordée de villas et de petits immeubles dont la verve, Art déco ou italianisante selon les cas, ne manque pas de saveur. La villa Liguria, une pimpante maison d'angle, tout en ocre vif, arbore des frises bleues d'inspiration néoflorentine et, au beau milieu d'un jardin d'orangers, la villa Cameline, construite pour un pâtissier par l'architecte Adrien Rey (voir p. 120) au tout début des années 1920, figure un échantillon décalé – mais ô combien charmant ! – des douceurs d'avant-guerre. Elle est le siège de l'association Botox[s], qui y organise des manifestations d'art contemporain.

JEANNE L'AFRICAINE

ÉGLISE SAINTE-JEANNE-D'ARC
RUE DE GRAMMONT
BUS N° 23 & T37 : ARRÊT ÉGLISE-JEANNE-D'ARC

Nice est décidément la ville de toutes les rencontres, même des plus improbables ! Si la poste Thiers semblait parachutée de Béthune ou de Dunkerque (voir p. 68), l'église Jeanne-d'Arc semble avoir été déposée là par un hydravion venu en droite ligne de l'Afrique occidentale française ou du Maghreb. Elle fut érigée de 1926 à 1933 par Jacques Droz qui avait déjà fait ses preuves à Saint-Louis-de-Vincennes. Dynamique quoique monumentale, elle porte la marque des réminiscences d'un séjour en Afrique du Nord de l'architecte. La hardiesse technique de ses trois immenses coupoles ovoïdes (très "art nègre") et de la remarquable flèche (très "futuriste") n'a d'égal que le rendu illusionniste de l'espace intérieur. Sans doute influencé par les qualités plastiques du béton armé, dont Auguste Perret s'était fait le génial illustrateur à l'église du Raincy, Jacques Droz entrevit dans ce matériau bien plus qu'un moyen technique. L'architecte Jean-Louis Marjerand soulignait en 1936 à propos de ce bâtiment "l'originalité de toutes ces coupoles engagées les unes dans les autres, formant un ensemble gai, et somme toute bien à sa place sous le ciel bleu de Nice, avant-goût d'Orient, annonçant la mosquée". Familièrement surnommée "la meringue" en raison de la blancheur de ses coupoles ovoïdes, l'église Jeanne-d'Arc vaut assurément le détour. Classée monument historique en juin 1992, elle vient de faire l'objet d'une restauration complète et constitue à juste titre l'un des monuments du XXe siècle les plus prisés de la capitale azuréenne.

L'AMOUR AU PARC CHAMBRUN

PARC CHAMBRUN
BUS N° 20 : ARRÊT GEORGE-SAND,
N° 23 : ARRÊT CHAMBRUN, TRAMWAY : ARRÊT LE RAY

La superbe rotonde à colonnes située au sommet du parc Chambrun, que l'usage commun a baptisé "temple de l'Amour", est en fait le kiosque à musique du château aujourd'hui disparu du comte Joseph Pineton de Chambrun (1821-1899), sociologue et homme politique, successivement député puis sénateur de la Lozère. Installé à Nice en 1876, le comte de Chambrun acheta la vaste propriété incluant le jardin botanique créé par le comte Caïs de Pierlas en 1837. Il emménage dans le petit château dont on aperçoit encore les tours du côté nord entre les maisons du lotissement, lequel aurait été un ancien rendez-vous de chasse transformé en manoir néogothique au début du XIXe siècle. Pour réaménager le parc, il s'adressa à des paysagistes de renom, les frères Bühler, auteurs du parc de la Tête-d'Or à Lyon.

Mais c'est à la comtesse, riche propriétaire d'une cristallerie à Baccarat et fervente mélomane, que revient l'initiative de commander en 1885 à l'architecte niçois Philippe Randon (1833-1911) la construction du fameux kiosque, qui ne nécessita pas moins de

cinq ans de travaux. Inauguré le 28 mars 1890, il comporte douze colonnes d'ordre corinthien, s'élève à près de 20 mètres de haut et a coûté un million de francs de l'époque.

À la disparition des époux Chambrun, le parc fut acquis par un hôtelier qui y construisit la première patinoire de Nice — le palais de Glace ou le temple des Frimas — démolie après la Première Guerre mondiale. Lorsque la propriété fut revendue et lotie dans les années 1920, la municipalité racheta la parcelle d'un demi-hectare où s'élève le temple de la musique afin de la transformer en jardin public.

GUICHETS FUTURISTES

STADE DU RAY
AVENUE DU RAY
BUS N° 20 : ARRÊT CHÉNIER OU GRAVIER, N° 23 : ARRÊT CHAMBRUN, N° 24 : ARRÊT STADE-DU-RAY, N° 36 : ARRÊT GRAVIER, TRAMWAY : ARRÊT LE RAY

Le stade du Ray, ou stade Léo-Lagrange selon son appellation officielle, est un lieu incontournable de la vie sportive niçoise. Véritable "temple" des supporters de l'Olympique Gymnaste Club de Nice, il possède une histoire déjà ancienne, puisque son projet remonte au début des années 1920. À cette époque, les dirigeants de l'OGC Nice se mettent en quête d'un lieu susceptible d'accueillir un stade digne de ses ambitions nationales. En 1926, ils obtiennent une subvention municipale en vue d'aménager un terrain agricole de 27 000 mètres carrés sis à proximité du parc Chambrun, dans le quartier Saint-Maurice, et bordé par la route du Ray. En niçois, *rai* signifie petit ruisseau et le secteur en est largement pourvu. Le stade, inauguré le 30 janvier 1927, compte 3 500 places et comporte une tribune en béton armé de 300 places. Il est desservi par deux lignes de tramway et des services d'autobus. En 1948, une campagne d'embellissement le dote d'une tribune d'honneur couverte de 3 000 places et de nouveaux luminaires pour les matchs en nocturne. La capacité passe à 23 000 places au début des années 1950. De nouvelles tribunes sont encore édifiées en 1979 (tribune ouest) puis en 1997 (tribune est reconstruite en tubulaire). Néanmoins, le stade a conservé de son époque pionnière les étonnants guichets arrondis qui marquent l'intersection de l'avenue du Ray et de l'avenue Ernest-Lairolle. Leur inspiration, fortement empreinte du style Art déco alors en vogue, n'est pas sans évoquer les lignes aérodynamiques des superstructures de paquebots, en écho aux formes de la villa Doucet située juste en face.

MAISON D'ARTISTE

VILLA D'EUGÈNE DOUCET
5, AVENUE ERNEST-LAIROLLE
BUS N° 20 : ARRÊT CHÉNIER OU GRAVIER, N° 23 : ARRÊT CHAMBRUN,
N° 24 : ARRÊT STADE-DU-RAY, N° 36 : ARRÊT GRAVIER, TRAMWAY : ARRÊT LE RAY

Au début de l'avenue Ernest-Lairolle, juste en face de l'entrée du stade du Ray, se trouve la maison du célèbre fresquiste Eugène Doucet (1890-1978), auteur entre autres de la décoration intérieure de l'église Notre-Dame-Auxiliatrice (voir p. 96). Cette maison de ville à trois niveaux, recouverte d'une toiture-terrasse, est une sorte de petit hôtel particulier, servant également d'atelier à l'artiste, comme l'atteste la vaste verrière du premier étage. Entre modernité rationaliste et Art déco, cette construction s'inscrit plus dans la tradition des villas parisiennes bordant le parc Montsouris que dans les registres italianisants ou exotiques habituels au climat niçois. Avec sa façade blanche délicatement incurvée, sa verrière et son oculus, la villa Doucet semble une émanation de l'univers futuriste esquissé de l'autre côté de la voie par les guichets du stade.

DIALOGUE DES CULTURES

ÉCOLE NATIONALE SUPÉRIEURE D'ART, CENTRE NATIONAL D'ART CONTEMPORAIN
VILLA ARSON
20, AVENUE STÉPHEN-LIÉGEARD
BUS N° 4, 7 & 19 : ARRÊT FANNY, 36 : ARRÊT VILLA-ARSON
Tél. 04 92 07 73 73

Fameuse institution dédiée à la création contemporaine, la villa Arson télescope les époques et les styles. Une belle villa génoise aux façades rouges sertie dans un labyrinthe de parois grises recouvertes de galets : l'effet est des plus saisissants ! L'histoire de cette passionnante confrontation remonte à 1964, lorsque la ville de Nice récupéra l'ancien domaine de Pierre-Joseph Arson, riche négociant avignonnais, qui avait acquis en 1812 cette demeure du XVIIIe siècle au consul Peyre de la Coste. Elle en fit alors don à l'État, en vue d'y installer une École internationale des beaux-arts souhaitée par André Malraux. Le projet voit le jour en 1970 ; sous l'égide du ministère de la Culture, l'établissement réunit autour d'une école d'art un centre d'expositions, une médiathèque et des résidences d'artistes. L'aménagement en est confié à l'architecte Michel Marot. Le lieu est inauguré en 1972, avec l'emménagement en ses murs de l'École nationale des arts décoratifs de Nice, qui était installée depuis 1881 rue Tonduti-de-l'Escarène.
En 1984, l'école, qui prend le nom d'École pilote internationale d'art et de recherche (Epiar), est associée au Centre national d'art contemporain. Depuis 2003, gérée par une nouvelle structure administrative placée sous tutelle du ministère de la Culture, elle est dénommée villa Arson.
Avec l'emploi du béton banché, les bâtiments occupant la quasi-totalité du terrain adoptent un style brutaliste, dans la ligne de l'esthétique corbuséenne des années 1950. Entre forteresse et labyrinthe, les espaces de création et d'exposition se répartissent autour de patios et de terrasses complantées harmonieusement enchevêtrées. Malgré la modernité du langage architectural, l'ensemble conserve un caractère des plus méditerranéens, prouvant qu'intégration ne rime pas forcément avec pastiche.

L'ANGE
DE SAINT-BARTHÉLEMY

ÉGLISE ET CIMETIÈRE DE SAINT-BARTHÉLEMY
MONTÉE CLAIRE-VIRENQUE
BUS N° 4, 7 & 19 : ARRÊT DEUX-AVENUES, TRAMWAY : ARRÊT GORBELLA

Son étrange clocher surmonté d'un archange dominant les toits du quartier la fait repérer d'assez loin. Mais vue de près, lorsqu'on longe la montée Claire-Virenque, l'église de Saint-Barthélemy a des allures campagnardes. La date de 1865 lisible sur le fronton correspond à l'année où l'église a été recouverte de son décor à fresque. Car c'est en 1551 que les capucins, arrivant d'Italie, s'installèrent dans l'antique chapelle Saint-Barthélemy qui leur est concédée par les bénédictins de Saint-Pons. En 1555, ils édifient un petit couvent et une modeste église, comprenant une nef et deux chapelles latérales. Mais au XVIIIe siècle, la population des campagnes niçoises ayant considérablement augmenté, l'église devient exiguë et un nouvel édifice est projeté.
La première pierre en est posée le 26 juillet 1750 et la consécration a lieu en 1768. Si dans sa globalité l'église n'a que peu changé depuis cette époque, l'extravagant clocher néogothique date de 1884, lorsque le curé de la paroisse charge l'architecte niçois Louis Castel de construire une tour distincte du vieux clocher baroque. Celui-ci l'érige à côté de la façade, s'inspirant de la tour de la Signoria à Florence. Quant au clocher d'origine jouxtant le chœur, il fut abattu à la suite d'importants dommages provoqués par le tremblement de terre de 1887.
Le couvent recèle un trésor devenu bien rare : un véritable jardin de curé, enclos dans le petit cloître à arcades ; et, outre sa belle architecture baroque, l'intérieur de l'église s'enorgueillit de posséder une superbe Vierge à l'Enfant du maître niçois Francesco Brea, réalisée vers 1550.
Dans le cimetière attenant reposent dans des temples à l'antique et des chapelles néogothiques des défunts prestigieux, tels les Spitalieri de Cessole, les Arson de Saint-Joseph, les Renaud de Falicon ou les Pauliani de Saint-Charles.

LES BELLES MAURESQUES DU RAY

VILLA DJENNE
4, AVENUE CERNUSCHI
BUS N° 4, 20 & 36 : ARRÊT MISTRAL, TRAMWAY : ARRÊT COMTE-DE-FALICON

Sis à l'angle de l'avenue du Ray et de l'avenue Cernuschi, cet ensemble de trois maisons de ville accolées, baptisé villa Djenne, se caractérise par l'adoption d'une panoplie stylistique furieusement orientaliste. Certes, ce style n'a rien de rare en soi sur le territoire azuréen où, durant toute la seconde moitié du XIXe siècle, s'édifient des fantaisies de tous les genres, revisitant les influences les plus exotiques... Mais ce qui peut surprendre ici, c'est l'année de la construction : 1927 ! Elles sont donc exactement contemporaines de la rue Mallet-Stevens à Paris et des premières villas de Le Corbusier, ce qui peut laisser songeur. Leur auteur n'est autre que Jean Médecin, architecte actif dès la Belle Époque, apparenté à la famille de l'ancien maire de Nice, qui s'était fait dans les années 1920 le spécialiste des constructions mauresques. Il réserva d'ailleurs l'une de ces maisons à son usage personnel. Les éléments arabisants abondent, tant au niveau de la forme proprement dite – corniche crénelée à merlons, tourelles aux allures de minaret, arcs trilobés et outrepassés – que du décor – encadrements de fenêtres sculptés, frises de céramiques polychromes. Ces éléments contrastent avec les panneaux de pierre meulière qui constituent le remplissage des murs, évoquant davantage le pavillon de banlieue. Avec leurs motifs aux courbes lascivement entrelacées, les fers forgés des clôtures constituent un plaisant compromis entre les canons de l'Art déco et les influences d'outre-Méditerranée.

VILLAS CHAMPÊTRES

VILLAS ROBINSON ET MERCEDES
27, AVENUE CERNUSCHI
BUS N° 4, 20 & 36 : ARRÊT MISTRAL, 25 & 63 : ARRÊT CERNUSCHI,
TRAMWAY : ARRÊT COMTE-DE-FALICON

Perpendiculaire à l'avenue du Ray, qu'elle coupe à hauteur des villas mauresques, la paisible avenue Cernuschi est bordée de villas au charme provincial et désuet datant de la Belle Époque ou des Années folles. Dans les jardins, les orangers et les citronniers se mêlent aux lauriers, aux lilas et à la vigne vierge. En bas de l'avenue, du côté pair, l'une de ces maisons, dont l'architecture très Art déco est caractéristique des années 1920, arbore dans la partie supérieure de sa façade des éléments de sculpture en bas-relief à l'iconographie fraîche et savoureuse, comme ces trois graciles fillettes nues soutenant un panier de fruits stylisé.

Un peu plus loin, toujours du même côté, une impressionnante villa à l'italienne, datant probablement de la décennie précédente, dresse à l'angle de la petite avenue Marconi son haut pavillon dont la toiture à large débord est précédée d'une épaisse frise de sgraffites (voir aussi p. 63, 89 et 125).

Tout en haut de l'avenue, au n° 27, deux pavillons roses de style rococo 1900 font surgir de la masse des arbres leurs curieuses toitures de tuiles bleues vernissées, dont les inflexions triangulaires évoquent quelque peu la pagode d'opérette. Il s'agit de la villa Robinson et de la villa Mercedes, la première ayant hébergé Gabriel Fauré (voir aussi p. 50 et 173) lors de ses séjours niçois, probablement vers 1915.

LES ENTRELACS DE FORTUNÉ

VILLA FORTUNÉ
20, AVENUE DE SAINT-SYLVESTRE
BUS N° 4, 7, 19, 20 & 36 : ARRÊT SAINT-SYLVESTRE

Le style Art nouveau, si riche au tournant du XXe siècle à Bruxelles, à Barcelone ou à Prague, n'a guère été représenté à Nice, plus ouverte à une architecture éclectique fortement teintée d'italianisme. Mais la ville compte néanmoins quelques beaux et rares spécimens de ce genre, comme la villa Fortuné de l'avenue de Saint-Sylvestre. Outre le beau décor végétal qui monte à l'assaut des baies et des façades, cette villa est remarquable pour ses éléments de céramique, comme les rinceaux sur fond jaune qui encadrent les baies de part et d'autre du bow-window central, les rouleaux de briques jaunes et turquoise des linteaux, les cabochons et les colonnettes turquoise. La toiture de tuile mécanique à large débord, supportée par des consoles de bois ouvragées, est également caractéristique des constructions niçoises de cette époque ; on en retrouve maints exemples dans les immeubles du centre. Le portail aux entrelacs de fers plats est assorti au style de la maison.

MULTIMODAL MÉDITERRANÉEN !

PÔLE MULTIMODAL COMTE DE FALICON
BOULEVARD DU COMTE-DE-FALICON
TRAMWAY : ARRÊT LAS-PLANAS

Ce terme barbare désigne le terminus de la première ligne de tramway qui relie le quartier de Las Planas au campus de Saint-Jean-d'Angely. Sur un terrain de deux hectares et demi, coincé entre l'autoroute, ses bretelles d'accès et des barres d'habitation des années 1960, l'architecte Marc Barani a réalisé un véritable exercice d'architecture, au sens noble du terme, articulant en un vaste complexe aux lignes futuristes une station terminus, un centre de maintenance du matériel et un parking relais. Il joue de façon virtuose des oppositions de rythmes et de matières, mariant sans complexe le béton, le bois, le métal et le verre. Misant aussi sur la proportion des éléments dont il étire à l'extrême les lignes horizontales, sur l'interpénétration du plein et du vide, il magnifie les espaces fonctionnels que sont les escaliers et les rampes d'accès au parking. Au-delà d'un jeu formel virtuose (l'architecte confie : "les formes en elles-mêmes ne m'intéressent pas outre mesure"), ce projet a l'immense mérite d'embrasser une dimension urbanistique, redonnant cohérence et identité à un quartier qui avait été coupé de la ville lors de la création de l'autoroute. Les volumes, tantôt percés de larges ouvertures, tantôt tamisés de savants claustras, jouent merveilleusement des puissants effets de contraste créés par la lumière du Midi. Il est vrai que Marc Barani, qui a obtenu pour ce projet la distinction de l'Équerre d'argent, confesse : "Je suis un Méditerranéen, et plus particulièrement un habitant de cette partie de la Méditerranée où la montagne tombe à pic sur la mer."

LA COLLINE DE CIMIEZ

LE TEMPLE DU COMMERCE

CHAMBRE DE COMMERCE ET D'INDUSTRIE DE NICE
20, BOULEVARD CARABACEL
BUS N° 15 & 22 : ARRÊT PASTORELLI

Au beau milieu du boulevard Carabacel, qui mène tout droit à l'avenue Désambrois et au boulevard de Cimiez, une majestueuse façade néoclassique s'abrite derrière une série de palmiers aux fûts élancés. Son imposante loggia à six colonnes qui s'élève sur deux niveaux est surmontée d'un monumental entablement à balustrade, coiffé de pots à feu et orné en son centre d'une horloge. Cet édifice de fière allure est l'œuvre du talentueux architecte mentonnais Adrien Rey (1865-1959, voir p.106). Architecte du département des Alpes-Maritimes en 1912, puis architecte en chef du gouvernement pour les Alpes-Maritimes en 1925, il réalisa la chambre de commerce de 1921 à 1923, alors qu'il était au sommet de sa carrière et construisait conjointement le magasin des Dames de France à Menton. Le fronton, qui figure une allégorie des Alpes-Maritimes, est dû à son fidèle collaborateur, le sculpteur Michel de Tarnowsky (1870-1946). Issu d'une famille russe installée à Nice, celui-ci fut l'élève de Jules Dalou et d'Alexandre Falguière, desquels il hérita une admiration pour François Rude et Jean-Baptiste Carpeaux. Dûment couronnée, son allégorie féminine tient le blason de Nice et celui de l'Industrie.

À ce groupe font écho au rez-de-chaussée les sculptures de Paul Roussel qui encadrent les portails d'entrée. Si le bas de l'édifice fait référence à l'architecture italienne, l'imposant comble d'ardoise cintré qui le couronne semble évoquer, quant à lui, celle des monuments parisiens.

ATLANTE ET CARIATIDE

PALAIS J. CAUVIN
1, AVENUE DÉSAMBROIS
BUS N° 15 & 22 : ARRÊT DÉSAMBROIS

Le bel immeuble qui marque l'angle du boulevard Dubouchage et de l'avenue Désambrois, baptisé palais J. Cauvin, a été édifié en 1912. Le riche décor sculpté est dû à Michel de Tarnowsky (voir p. 120). Les œuvres de cet artiste sensible répondent par leur réalisme et leur minutie aux goûts des commanditaires de l'époque. Ici, le centre de la façade se pare d'un atlante et d'une cariatide, tandis que les étages supérieurs sont ornés de têtes de faunes et de béliers.

LA MAISON DES NAINS

MAS DE SABLONAT
2, AVENUE DÉSAMBROIS
BUS N° 15 & 22 : ARRÊT DÉSAMBROIS

Elle pourrait avoir abrité un hypothétique séjour de Blanche-Neige sur la Côte ! Au n° 2 de l'avenue Désambrois, offrant un frappant vis-à-vis au monumental palais Cauvin, une bien curieuse maisonnette attire notre attention. Il s'agit du mas de Sablonat, surnommé la "maison des nains" en raison de la petitesse de ses dimensions. On se demande bien, en effet, comment un adulte peut tenir debout au rez-de-chaussée. En fait, son sol est surbaissé d'environ 1,50 mètre par rapport à la rue. Datée de 1926, cette maison est l'œuvre de l'architecte Trachel, à qui l'on doit également la plupart des villas de la montée Désambrois. Elle présente, outre l'étrangeté de ses proportions, un très insolite mélange de néoprovençal et de style troubadour, le premier caractérisé par les génoises et le crépi rustique rouge, le second par les baies en ogive et le portail clouté.

CONFORT MODERNE

RÉSIDENCE LE MAJESTIC
4, BOULEVARD DE CIMIEZ
BUS 15 & 22 : ARRÊT ROLAND-GARROS

Transformé en immeuble d'habitation après la dernière guerre, l'ancien hôtel Majestic, œuvre de l'architecte Jules Febvre (voir p. 89 et 96) fut inauguré en 1908. Majestueux, il l'est assurément, dominant de ses fières tourelles carrées l'ample courbe au départ du boulevard de Cimiez. À l'époque de sa splendeur, il proposait à une clientèle huppée pas moins de 400 chambres et suites dotées de tout le confort moderne, qui en faisaient alors l'un des plus beaux fleurons hôteliers de la ville. Parmi ses prestigieux habitués, Colette qui y séjourna en février 1911 en compagnie du riche dandy Auguste Herriot, héritier des Grands Magasins du Louvre, et d'une amie, Lily de Rême, tandis qu'elle se produisait à l'Eldorado, un théâtre de la rue Pastorelli. Mais le Majestic était malencontreusement né trop tard : au lendemain de la Première Guerre mondiale, la vogue balnéaire détrôna les palaces de Cimiez au profit de ceux de la Promenade et, dès 1947, l'établissement fut loti en appartements.
Néanmoins, l'immeuble a conservé à peu près en l'état certaines des parties communes de l'ancien hôtel, comme l'impressionnant hall d'entrée et la grande cage d'escalier, encore équipée de sa cabine d'ascenseur d'origine en acajou.

UN ALHAMBRA
IMPORTÉ DE SUISSE

RÉSIDENCE L'ALHAMBRA
46-48, BOULEVARD DE CIMIEZ
BUS N° 15 & 22 : ARRÊT ROND-POINT/CIMIEZ

À la Belle Époque, de nombreux palaces voient le jour à Cimiez, le long du boulevard qui monte vers les Arènes. Les plus grands architectes sont mis à contribution, rivalisant d'imagination pour concevoir des établissements "à la pointe du confort", destinés à une clientèle fortunée : le Grand Palais, le Majestic, le Riviera Palace, le Winter Palace, sans oublier bien sûr, l'Exelcior Régina dont les dômes dominent fièrement la ville. Mais il en est un qui se distingue par un charme bien particulier : c'est l'hôtel Alhambra, édifié en 1901, dont le nom évoque les couleurs de l'Orient. Archétype de l'architecture arabisante, cette folie est la commande d'une certaine madame Sabatier, qui venait de signer un bail commercial avec l'hôtelier suisse Candrian. La construction est confiée aux bons soins de l'architecte Jules Sioly qui n'aurait sans doute pas opté de sa propre initiative pour le style néomauresque si celui-ci ne lui avait été dicté par le promoteur, soucieux d'adresser ainsi un clin d'œil racoleur à une clientèle perpétuellement en attente de nouveauté. Durant les Années folles, la saison ne se limitant plus aux mois de février et mars, l'hôtelier Louis Leospo eut l'idée d'adjoindre à l'hôtel un restaurant d'été, traité dans le même style. Ses minarets, les arcs outrepassés de ses grandes baies, ses stucs blancs et sa superbe marquise en font l'un des édifices les plus spectaculaires de la Belle Époque à Nice. Il est aujourd'hui transformé en immeuble d'habitation.

LES FRESQUES DE LA LÉZARDIÈRE

VILLA LA LÉZARDIÈRE
1, AVENUE EDITH-CAVELL
BUS N° 15 & 22 : ARRÊT LEOPOLD, T37 : ARRÊT GEORGES-V

Cette jolie villa rose de l'avenue Edith-Cavell, plaisamment dénommée La Lézardière, a vraisemblablement été bâtie entre 1900 et 1910 par Édouard-Jean Niermans (1859-1928), qui signera en 1912 le prestigieux hôtel Negresco. Son plan carré tout simple, caractéristique des traditionnelles maisons rurales niçoises, est agrémenté sur les deux principales façades d'un curieux oriel cylindrique soutenu par un porche à colonnes et arcades. En partie latérale, de larges baies en plein cintre ouvrent sur des balcons à balustres et consoles encadrant l'oriel.

La partie sommitale de la villa est ornée d'une belle frise de sgraffites sur fond brun rouge, dont le motif mêle dans ses entrelacs *putti* et oiseaux mythologiques. Elle est aujourd'hui occupée par un établissement voué à la petite enfance, dépendant de la Ville de Nice. Ce type de frise décorative placée sous les avant-toits saillants est spécifiquement niçois : très en vogue à la Belle Époque, il perdurera jusqu'au début des années 1920. Certains artistes s'en étaient fait une spécialité, comme le peintre mentonnais Henri Cerutti-Maori, qui signa de nombreuses réalisations dans cette ville.

À Nice, on le retrouve sur maintes villas du début du XXe siècle qui parsèment les collines. Non loin de La Lézardière, on peut en admirer un bel exemplaire au 58, boulevard de Cimiez, à la villa Les Rameaux, qui possède une frise agrémentée de griffons sur fond bleu.

LES DEUX PERLES DU BOULEVARD ÉDOUARD-VII

MANOIR BELGRANO ET VILLA MOHNI
5 ET 8, BOULEVARD ÉDOUARD-VII
BUS N° 15 & 22 : ARRÊT PRINCE-DE-GALLES, 17 & 20 : ARRÊT ÉDOUARD-VII

Les voies secondaires greffées sur le boulevard de Cimiez, la plupart du temps pompeusement nommées "boulevard" ou "avenue", recèlent encore de beaux témoins de l'architecture des années 1900, illustrant merveilleusement toutes les tendances en vogue. Le boulevard Édouard VII en offre deux exemples particulièrement intéressants : le manoir Belgrano et la villa Mohni.

Le premier a une bien curieuse histoire : il naît du caprice d'un riche et excentrique Argentin, Antonio Santa Maria, qui fournit au prestigieux architecte Charles Dalmas (voir p. 67 et 102), qui vient d'achever l'hôtel Ruhl et le Grand Palais, l'occasion de donner dans le pastiche néo-Renaissance. Il édifie ainsi au n° 5 un curieux hôtel particulier très librement inspiré du château de Blois. Avec ses tourelles, ses toits d'ardoises pentus, ses fines colonnes, ses parements de briques et ses balustrades ajourées, l'ensemble peut certes paraître quelque peu incongru sous des cieux méridionaux, mais l'époque était résolument éclectique, et les étrangers ont parfois à cœur de faire plus "français" que nature ! Entre les deux guerres, la maison devint la propriété du prince afghan Wali Khan. Divisée en appartements dans les années 1950, elle n'en a pas moins conservé son caractère. En face, au n° 8, la villa Mohni paraît bien discrète. Elle ne manque pourtant pas d'élégance : avec son perron à colonnes précédé d'un escalier à double volée, ses oriels vitrés, sa dentelle de fer forgé et sa balustrade ondoyante ponctuée de médaillons, elle symbolise, par contraste avec l'austère manoir, toute l'insouciance de la Belle Époque.

L'ENTRÉE RENAISSANCE
DU CHÂTEAU VALROSE

ENTRÉE DU PARC DE VALROSE (FACULTÉ DES SCIENCES)
AU FOND DU BOULEVARD PRINCE-DE-GALLES
BUS N° 15 & 22 : ARRÊT PRINCE-DE-GALLES

Le baron Paul Georgevitch von Derwies, conseiller du tsar Alexandre II et magnat des chemins de fer, s'était fait bâtir vers 1870 sur les hauteurs de Brancolar un incroyable château néogothique écossais, baptisé château Valrose. Œuvre des architectes russes David Grimm (voir p. 135) et Mikhaïl Makaroff, celui-ci est entouré d'un vaste parc empli de statues, de fausses ruines, de grottes et de fontaines ; on y trouve même une isba ukrainienne apportée par bateau en pièces détachées d'Odessa ! L'ensemble est agrémenté d'un théâtre de 400 places où, louant les services d'un orchestre symphonique, le baron accueillait de grands virtuoses, parmi lesquels le violoniste Joseph Joachim et la diva Adelina Patti.

En 1884, apprenant le projet de percement du boulevard de Cimiez, Paul von Derwies demande au talentueux Sébastien-Marcel Biasini (voir p. 88, 128 et 148), familièrement surnommé "Sa Majesté Biasini" en raison de ses initiales, de concevoir une porte d'entrée monumentale afin de relier son domaine à la nouvelle voie.
Laissant libre cours à son imagination, l'architecte fait dans le plus pur style troubadour et n'hésite pas à catapulter un fragment de Chenonceau au beau milieu des palmiers de la Riviera ! Imposante, la construction l'est vraiment, avec sa large voûte flanquée de deux tours octogonales (abritant à l'origine les logements des domestiques). Voilà une entrée qu'on ne saurait manquer !

L'OMBRE D'UNE SOUVERAINE

RÉSIDENCE LE RÉGINA
71, BOULEVARD DE CIMIEZ
BUS N° 15 & 22 : ARRÊT VICTORIA

C'est assurément à la reine Victoria que l'hôtel Excelcior Régina, en haut du boulevard de Cimiez, doit sa postérité. Des promoteurs avisés auraient promis en 1895 à la souveraine, mécontente d'un séjour effectué au Grand Hôtel, de lui construire une résidence hôtelière en tous points adaptée à ses exigences. Aussi sensible à l'attention que soucieuse de son confort, elle s'engage alors à venir résider dans le nouvel établissement dès son achèvement. Le projet confié à l'architecte Sébastien-Marcel Biasini (voir p. 88, 127 et 148), les travaux vont bon train. L'hôtel est achevé en moins de deux ans, au début de l'année 1897. Fidèle à sa promesse, la reine et sa suite y séjournent du 12 mars au 28 avril 1897. Elle y passera à nouveau deux printemps, en 1898 puis en 1899.

Avec ses 6 260 mètres carrés répartis sur cinq étages et sa façade de 104 mètres de long, l'édifice impressionne. L'accumulation de stucs, marquises, oriels, combles et coupoles obéit aux canons décoratifs de la Belle Époque. L'intérieur sacrifie à la modernité : ascenseurs, éclairage électrique, chauffage central et eau chaude à tous les étages ! Victime de la mode estivale de l'entre-deux-guerres, le palace fut transformé en appartements dès les années 1930. Dans l'un d'eux, Henri Matisse (voir p. 37 et 84) passa les dernières années de sa vie. Mais le plus beau morceau architectural est sans doute l'immense verrière du rez-de-chaussée, face au parc, enserrant jadis un somptueux jardin d'hiver exposé au sud. Elle faisait office de solarium pour une clientèle septentrionale heureuse de goûter aux joies de l'héliothérapie lors de ses séjours d'hiver et de printemps. Aujourd'hui désertée, cette étonnante serre vaut vraiment le détour en fin d'après-midi, lorsque les rayons obliques du couchant y projettent leurs feux multicolores.

ARÈNES INTIMES

ARÈNES DE CIMIEZ
AVENUE DES ARÈNES DE CIMIEZ
BUS N° 15, 22, 17 & 20 : ARRÊT MUSÉE-MATISSE

Certes, le site de Cimiez a une bien longue histoire, puisqu'il était dès le IIIe siècle avant J.-C. la base de la colonie ligure des Vedantii (Védantiens). Mais c'est en 14 av. J.-C. que la colline de Kemelenon est choisie par l'empereur Auguste pour devenir le chef-lieu de la province des "Alpes Maritimae". La nouvelle cité est alors baptisée Cemelenum. Quelques années plus tard, l'empereur fait édifier au nord-ouest de la cité, à proximité immédiate des Thermes, une arène destinée à servir de lieu d'entraînement aux cohortes qui y sont stationnées. Au IIIe siècle, l'édifice est agrandi, afin d'accueillir des jeux propres à divertir la population de la ville qui avait pris une certaine importance. On ajoute alors à l'extérieur de la première enceinte des murs rayonnants destinés à supporter des gradins ; ultime raffinement et concession aux contingences climatiques, l'amphithéâtre est équipé d'un velum, dont certains points d'ancrage sont encore visibles. D'une capacité de 5 000 spectateurs, l'amphithéâtre forme une ellipse de 67 mètres sur 56 mètres : quoique de dimensions respectables, il s'agit d'un des plus petits amphithéâtres romains de France. Malgré les outrages subis au fil des siècles, une partie importante du monument reste visible. Des travaux de restauration et de consolidation ont été réalisés entre la fin du XIXe siècle et le début du XXe siècle. Les arènes de Cimiez ont été classées monument historique en 1965. Fidèles à leur antique vocation du spectacle, elles accueillent aujourd'hui les traditionnelles fêtes des Mai et, chaque été, le prestigieux festival de jazz de Nice.

TRÉSOR FRANCISCAIN

MONASTÈRE DE CIMIEZ
PLACE DU MONASTÈRE-DE-CIMIEZ
BUS N° 17 & 25 : ARRÊT MONASTÈRE

Si c'est bien au XIXe siècle que son église doit sa façade "troubadour" à la polychromie hardie, le monastère de Cimiez n'en a pas moins été fondé au XIe siècle par les moines bénédictins de l'abbaye de Saint-Pons. Il regroupe l'église Notre-Dame-de-l'Assomption et les bâtiments conventuels, articulés autour d'un cloître. En 1546, il se voit dévolu aux franciscains, qui l'occupent encore de nos jours. Le plus célèbre des franciscains de Nice est le frère Marc, *fray Marcos de Niza*, qui donna, selon la légende, le nom du fondateur de l'ordre au site de la future ville de San Francisco.

Sur la place du monastère s'élève une croix de marbre supportée par une colonne torse. Datée de 1477, elle représente le Christ crucifié qui apparut à saint François sous la forme d'un séraphin. Jusqu'au début du XIXe siècle, elle se trouvait au milieu de la place Saint-François (voir p. 28).

L'église est une fort belle construction du XVe siècle, de style gothique tardif, qui succède à une chapelle du IXe siècle, bâtie sur les ruines d'un temple païen. Outre la grâce de son architecture ogivale, l'un de ses atouts majeurs est d'abriter trois œuvres maîtresses de Ludovico Brea, commandées par les franciscains au peintre niçois entre 1475 et 1515.

La *Pietà* reste encore empreinte des canons de la peinture gothique avec son fond doré guilloché, ses larges à-plats colorés, son faible modelé des formes et la douce sérénité des visages. La *Crucifixion* et la *Déposition* révèlent quant à elles l'assimilation des apports de la Renaissance : composition pyramidale, emploi de la perspective et du clair-obscur, expressivité des attitudes. On ne manquera pas non plus le grand retable en bois doré, véritable oraison sculptée dans le goût baroque, les harmonieuses stalles du chœur, ni l'étonnant Christ crucifié primitif.

DERNIERS JOURS
ULTRAMODERNES

ÉGLISE DES SAINTS-DES-DERNIERS-JOURS
5, AVENUE THÉRÈSE
BUS N° 15, 20, 22 & 25 : ARRÊT AVENUE THÉRÈSE

Très riche en architecture religieuse de l'époque baroque à la période Art déco, Nice ne possède que peu de spécimens de la période contemporaine. Le plus intéressant est assurément l'église des Saints-des-Derniers-Jours de l'avenue Thérèse. Elle fut conçue en 1962 par l'architecte Serge Leyrit et représente un bel exercice de style : un large parallélépipède est occulté par un mur-rideau en claustras de ciment blanc qui joue subtilement des effets de transparence, modulant les contrastes de noir et blanc au gré des variations de la lumière solaire. Le vaste panneau est percé sur la droite d'un porche d'entrée rectangulaire, surmonté d'un auvent alignant une série de poutrelles de béton en porte-à-faux, qui dessinent sur les marches du seuil une ombre du plus bel effet. À gauche de ce panneau principal, se détache la fusée du clocher, deux piliers de béton reliés par une résille reprenant le motif du panneau de façade, cette fois dans le sens de la hauteur. La nudité épurée des formes, exaltée par la légère inclinaison vers l'arrière des volumes, la juste proportion des pleins et des vides, la maîtrise absolue des jeux de lumière, jusqu'à l'utilisation graphique des masses végétales, tout s'allie ici pour donner à cette église une élégance réelle, indémodable.

LA BELLE
INCONNUE

ABBAYE DE SAINT-PONS
MONTÉE DE L'ABBAYE
ON Y ACCÈDE EN ENTRANT DANS L'ENCEINTE DE L'HÔPITAL PASTEUR, ACTUELLEMENT EN TRAVAUX. LES BÂTIMENTS SONT ÉGALEMENT VISIBLES DEPUIS L'AVENUE DE LA VOIE-ROMAINE.
BUS N° 4, 20 & 25 : ARRÊT PASTEUR

Enclavée dans l'enceinte de l'hôpital Pasteur, l'abbaye de Saint-Pons est l'un des édifices les plus mal connus de Nice. Et c'est fort injuste, car la beauté de son architecture mérite amplement le détour, autant que son site exceptionnel, offrant un remarquable point de vue sur le monastère de Cimiez et la colline du château.
C'est Charlemagne qui, en 778, aurait demandé à son neveu, l'évêque Siagrius, d'honorer par la construction d'un tombeau et d'une abbaye saint Pons, sénateur romain converti au christianisme et martyrisé vers 253 à Cemelenum. Dès lors, les moines de Saint-Pons, placés sous la règle bénédictine, allèrent diffuser la foi chrétienne à travers vallées et montagnes. Alliant travail et prière, ils firent de l'abbaye un foyer de développement dont la renommée se répandit si vite que l'abbé du monastère de Saint-Pons occupait un rang envié par beaucoup de seigneurs.

L'abbaye fut le témoin de grands moments de l'histoire du comté de Nice : c'est sur le parvis de l'église que fut signé en 1388, en présence du comte Amédée VII, l'acte de "dédition" à la Savoie. Si le XVIᵉ siècle voit s'amorcer son déclin, cela n'empêchera pas l'église d'être reconstruite en 1724, dans le plus pur style baroque.
Des deux clochers symétriques ne subsiste aujourd'hui que celui du flanc ouest, couronné d'un bulbe. L'église est ceinte d'une terrasse monumentale, supportée par une suite d'arcs en plein cintre, qui permet la communication avec les bâtiments conventuels et magnifie l'élan vertical de la façade. L'intérieur, des plus sobres, frappe par la puissance de son plan elliptique, qui enveloppe le visiteur dès l'entrée. Les chapelles latérales sont ornées de colonnes torses ; derrière la seconde chapelle à l'ouest se dissimule un oratoire peint en trompe-l'œil aux couleurs vives où sont conservées les reliques de saint Pons, présentées au public le jour de la fête du saint, le 14 mai.

LA COLLINE DE PESSICART ET LE RIGHI

ICÔNE MIRACULEUSE

CATHÉDRALE ORTHODOXE RUSSE SAINT-NICOLAS
AVENUE NICOLAS-II (VOIE PRIVÉE DONNANT SUR LE BOULEVARD DU TZARÉWITCH)
BUS N° 4 & 7 : ARRÊT THIERS/GAMBETTA,
64, 71, 75 & T75 : ARRÊT TZARÉWITCH/GAMBETTA

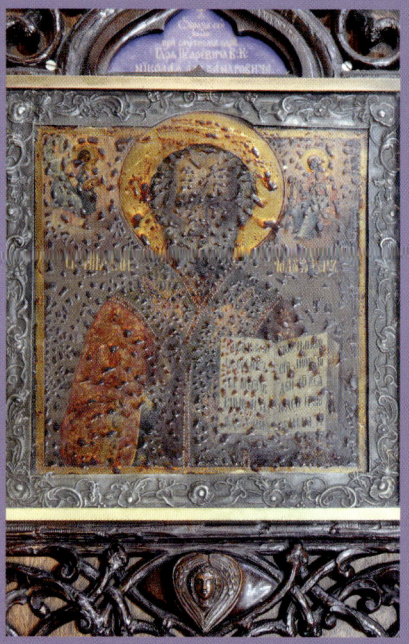

De toutes les riches icônes, dont certaines d'inestimable valeur, qui ornent l'intérieur de la cathédrale orthodoxe russe Saint-Nicolas, il en est une dont l'histoire confine à la légende : c'est celle de saint Nicolas le Thaumaturge, placée sur un lutrin de velours grenat, à gauche de la partie surélevée du chœur, près du crucifix. Il s'agirait d'une icône fort ancienne, ayant appartenu au tzarèwitch Nicolas Alexandrovitch, qui mourut à Nice en avril 1865. Peu de temps après, sa mère, l'impératrice Marie Alexandrovna, confia l'œuvre à l'église russe de la rue Longchamp (voir p. 59). Une fois le monument commémoratif de la villa Bermond achevé, l'icône y fut accrochée au-dessus de la porte d'entrée, où elle resta de nombreuses années. Non sans dommages. Sous l'effet des rayons solaires et des variations hygrométriques, des signes manifestes d'altération apparurent : le vernis, devenu très sombre, se condensait en gouttelettes épaisses, donnant à l'ensemble une tonalité noirâtre. On crut l'œuvre définitivement perdue. Bien après l'inauguration de l'église, on accrocha l'icône derrière l'iconostase, face au Saint-Autel. Vingt ans passèrent et en mai 1945, on remarqua que par endroits apparaissaient des tâches claires, légèrement colorées. Le processus se poursuivit lentement, jusqu'au moment où l'on put à nouveau distinguer les couches de la peinture originelle. Cet événement, auquel les experts ne purent donner d'explication scientifique, fut considéré par les croyants comme une manifestation divine. L'icône fut alors installée devant le jubé, où elle est depuis l'objet de la vénération des fidèles.

INFORTUNÉ TZAREWITCH

CHAPELLE COMMÉMORATIVE DU TZARÉWITCH NICOLAS
AVENUE NICOLAS-II
BUS N° 4 & 7 : ARRÊT THIERS/GAMBETTA,
64, 71, 75 & T75 : ARRÊT TZARÉWITCH/GAMBETTA

Il est, au pied de la cathédrale Saint-Nicolas, un curieux petit édifice à coupole de style byzantin. Il s'agit de la chapelle érigée à la mémoire du tzaréwitch Nicolas, qui connût à Nice une bien triste fin. Le grand-duc héritier Nicolas Alexandrovitch, fils du tsar Alexandre II, qui venait de fêter ses fiançailles avec la princesse Marie-Dagmar de Danemark, arriva en ville le 13 novembre 1864, accompagné d'une suite importante. Lors d'un déplacement en Italie effectué à la fin du même mois de novembre, sa santé fragile ne tarda pas à donner quelques sujets d'inquiétude, à tel point qu'il dut garder la chambre durant les six semaines de son séjour à Florence. De retour à Nice, les médecins de la Cour, auxquels se joignirent les spécialistes français envoyés par Napoléon III, diagnostiquèrent une simple affection rhumatismale et misèrent sur les effets bénéfiques du climat méditerranéen. Pourtant, le professeur Burci qui avait soigné le grand-duc à Florence émit un avis différent : selon lui, le jeune homme était atteint d'une maladie de la moelle épinière. Dans un premier temps, une amélioration sensible accrédita la thèse des premiers, encourageant l'optimisme. Mais dès le printemps, l'état de Nicolas Alexandrovitch empira brutalement : le 17 avril, il ne put assister à la messe de Pâques. Il s'éteignit entouré de tous les siens dans la soirée du dimanche 24, moins de six mois après son arrivée à Nice. L'office funèbre se déroula dans l'église de la rue Longchamp. Le grand-duc Alexandre Alexandrovitch devenait héritier du trône. Marie-Dagmar, qui avait fait sa connaissance au chevet du mourant, l'épousa un an et demi plus tard en 1866. Entre-temps, Alexandre II avait acquis la propriété Bermond où se trouvait la villa dans laquelle son fils avait rendu l'âme, afin d'y ériger un monument commémoratif. La première pierre de l'édifice, dû à l'architecte David Grimm (voir p. 127), fut posée le 2 mars 1867 et la cérémonie d'inauguration se déroula le 25 mars 1868, en présence du grand-duc Alexandre.

LA MINERVE
DU PALLADIUM

IMMEUBLE LE PALLADIUM
77, BOULEVARD GAMBETTA
BUS N° 4 & 7 : ARRÊT THIERS/GAMBETTA,
64, 71, 75 & T75 : ARRÊT TZARÉWITCH/GAMBETTA

Au carrefour du boulevard Gambetta et du boulevard du Tzaréwitch, le promeneur qui s'achemine vers les bulbes étincelants de l'église russe marque une étape obligée dans l'Antiquité, avec la Rome guerrière du Palladium. Cet impressionnant ensemble immobilier – malheureusement davantage altéré par l'implantation d'une superstructure routière urbaine que par les bombardements de la guerre – reste l'un des chefs-d'œuvre de la fantaisie architecturale si caractéristique de la ville. Relevant d'une très libre "reconstitution historique" principalement organisée autour d'une cour intérieure carrée, défendue par quatre tourelles arrondies empanachées en leur sommet, le complexe est placé sous la protection d'une farouche Minerve. Mais ici la Rome antique est fortement teintée d'égyptologie avec les fleurs de lotus qui ornent les chapiteaux et les pinacles d'une loggia tripartite à l'allure de baldaquin impérial. Dans un autre contexte, l'ensemble aurait pu s'appeler "les jardins de Cléopâtre". Affichant sur le fronton ouest sa date d'achèvement – 1930 –, il est signé du duo Edmond Labbé et Henri-Paul Nénot, qui ont réalisé là un morceau de bravoure aux détails soignés, sinon fidèles à leurs modèles antiques. Tout comme le Forum de Dikansky (voir p.71), le Palladium a acquis avec le temps une place prépondérante dans le paysage urbain niçois.

COLLINE HYGIÉNIQUE

PISCINE DU PIOL
36, AVENUE PAUL-ARÈNE
BUS N° 14 : ARRÊT DAUDET, 17 : ARRÊT DAUDET OU LE PIOL, 63 : ARRÊT LE PIOL
Tél. 04 93 96 92 07
Ouvert uniquement en été, du lundi au samedi de 10h30 à 18h.

La piscine du Piol, située dans le quartier éponyme, juste derrière le lycée du Parc impérial, est un témoin intéressant de l'architecture sportive des années 1930. Le nom étrange de ce secteur mérite quelques mots d'explications : le mot Piol serait en fait une déformation de *peuj* ou *peueg*, c'est-à-dire puy, élévation, colline. D'aucuns avancent que le domaine aurait été à l'origine une vaste propriété appartenant aux Thaon de Revel, certains y voient une ancienne résidence d'été des comtes de Vintimille, tandis que d'autres encore l'attribuent aux Caïs de Pierlas. Une chose est certaine : c'est bien sur cette colline que se tint de décembre 1883 à mai 1884 la première Exposition internationale de Nice, manifestation hautement prestigieuse.
Enfin, c'est sur ce plateau aéré que l'on édifia la première piscine niçoise, avant la Seconde Guerre mondiale. À ciel ouvert, c'est une vraie piscine d'été, ce qui limite son utilisation malgré la douceur du climat azuréen.
Maintes fois remaniée, agrandie et remise aux normes, elle n'en conserve pas moins une façade caractéristique de l'époque de sa construction, sur laquelle est gravé le nom de son principal animateur : Fernand Anelli.

LES "GROTESQUES"
DE LA MANTÉGA

MUR DE SOUTÈNEMENT
BOULEVARD MANTÉGA-RIGHI
BUS N° 72 : ARRÊT MIRASOL

Le boulevard Mantéga-Righi est plutôt une sinueuse route campagnarde grimpant à flanc de coteau sur les hauteurs de Pessicart. Il a été percé lors de la construction du grand hôtel Righi Palace auquel il menait. Cet établissement, qui jouissait d'une position dominante sur la corniche, a été ainsi baptisé en référence à une montagne suisse, le Righi, qui domine les lacs des Quatre-Cantons, de Zug et de Lowerz. Comme bien d'autres, l'hôtel n'a pas survécu à la fin de la vogue de la saison hivernale ; après avoir été un temps converti en institut médical avant la Première Guerre mondiale, il fut finalement revendu en appartements dès les lendemains du conflit. Le boulevard a gardé son nom. L'une des curiosités de cette voie demeure l'impressionnant mur de soutènement orné de grotesques qui étaye le jardin d'une villa de la Belle Époque. Les deux coquilles asymétriques de cette vaste composition sont ornées de guirlandes fleuries d'inspiration Louis XVI, se rejoignant en partie inférieure sur un mascaron. Cet opulent décor en demi-relief est là pour soutenir deux éléments fondamentaux du jardin : la terrasse et le belvédère en rotonde. Ces murs de soutènement ornés étaient autrefois assez nombreux à Nice, qui ne manque pas, on le sait, de collines et de déclivités.

HYMNE RÉTRO

ÉCOLE SAINT-PHILIPPE
4, AVENUE BEAU-SITE
BUS N° 64, 75 & T75 : ARRÊT BEAU-SITE

Qui s'attendrait à trouver au détour d'un virage en épingle à cheveux de l'étroite avenue Beau-Site, montant à l'assaut de la colline du Piol, une étonnante allégorie colorée de la plus pure veine Art déco ? Récemment restaurée, cette fresque de belle dimension a recouvré la fraîcheur quelque peu naïve de ses coloris d'origine. Elle agrémente la façade d'un groupe scolaire bâti entre les deux guerres pour faire face à l'accroissement de population du quartier, résultant du lotissement de la colline dans les années 1920.

Encadrée des attributs allégoriques des arts, des sciences et des sports, elle figure un idyllique paysage méditerranéen planté de pins parasols, dans lequel enfants et adolescents se livrent aux joies complémentaires de l'étude (au premier plan à gauche) et de l'exercice physique (à l'arrière-plan à droite), dûment encadrés par leurs aînés. Assez curieusement, si les enfants portent des costumes modernes, les enseignants revêtent des tuniques à l'antique, marquant ainsi peut-être la pérennité du savoir…

LA SAGA VAN ZUYLEN

VILLA VAN ZUYLEN
27, AVENUE DU DAUPHINÉ
BUS N° 71 : ARRÊT PRIMEROSE/DAUPHINÉ

Perchée sur les hauteurs du Piol, la villa Van Zuylen, survivante de la Belle Époque, a eu une bien curieuse destinée. À l'origine englobée dans le quartier Saint-Étienne comme la villa Bermond et la villa Peillon, la Brunette, bâtie vers 1830, appartenait alors à la famille Mages. En 1855, Pierre Mages la vend à l'avocat François Malausséna, lequel la cède cinq mois plus tard au baron Van Zuylen qui la remodèle, la dotant d'une façade des plus sobres, contrastant avec les fioritures de la Riviera. Il est vrai que le baron Gustave Adolphe Hyacinthe Joseph Van Zuylen de Nievelt de Haar est un authentique aristocrate, pas un nouveau riche. Il acquiert la Brunette pour goûter ses charmes bucoliques, non pour s'enferrer dans la mondanité. Le raffinement de son dessin, juste rehaussé par l'élégante loggia à triple arcature, concession à l'Italie toute proche, témoigne de son goût. Au sud, un escalier à double volée descend vers les jardins qui cascadaient alors sur une superficie de plus de trois hectares. Dix ans après, Van Zuylen connaît des difficultés et vend la propriété à M. Lallemand. C'est au décès de ce dernier, en 1869, que les choses se compliquent. Lallemand a laissé deux testaments olographes : l'un prévoit la cession du domaine aux cinq petits-enfants issus du mariage de sa fille Désirée Ernestine Adélaïde, l'autre fait de celle-ci l'unique légataire du bien. En 1878, après dix ans de procédures, la succession est enfin liquidée. La demeure connaît une longue période d'abandon, avant d'être acquise en 1899 par un autre Néerlandais, Jacques Cootmans, qui la remet au goût du jour. Vingt ans plus tard, elle passe à Jérôme-Jean Ivaldi, négociant de la rue de France, qui crée le lotissement du Parc impérial, morcelant la propriété. Lors de sa revente en 1923, elle ne couvre plus que 2 600 mètres carrés sur les 30 000 d'origine ! Albert Blancard, rentier, l'acquiert en avril et décède en novembre : ses héritiers la revendent en 1940 à Gérard Windt, artiste peintre néerlandais. Après la guerre, elle est une nouvelle fois cédée... à une famille néerlandaise, qui la possède encore aujourd'hui !

NICE OUEST

FAUSSES
JUMELLES

VILLA MONADA
137, PROMENADE DES ANGLAIS
VILLA HUOVILLA
139, PROMENADE DES ANGLAIS
BUS N° 8, 11, 52 & 59 : ARRÊT MAGNAN, 50, 60, & 62 : ARRÊT MAGNAN/PROMENADE

Après les vagues d'urbanisation successives du XXe siècle, la promenade des Anglais a certes perdu le charme agreste qu'elle présentait sur les gravures de la Belle Époque. Cependant, au beau milieu de ce mur continu d'immeubles cossus, un peu avant de parvenir à Magnan, notre regard est irrésistiblement attiré par un curieux petit toit rose en forme de chapeau pointu. Nous ne rêvons pas ! Deux petits pavillons se tiennent côte à côte, insérés entre des pignons d'immeubles. Et ces étranges reliques d'une époque révolue offrent un contraste saisissant, non seulement par rapport à leur environnement, mais également l'un vis-à-vis de l'autre.
Le premier pavillon (celui au toit rose à écailles) est la villa Huovilla. Rarissime exemple d'architecture Art nouveau d'inspiration balnéaire, il cumule en un résultat très savoureux tous les artifices du style : sculpture rococo (admirez au passage la souplesse ondoyante de la cariatide !), céramiques et fer forgé. Construit en 1907 par l'architecte Marius Allinges, il fut un temps la demeure d'Auguste Maïcon, pionnier de l'aviation.
Le second, jeu de cubes d'une blancheur immaculée, affiche *a contrario* ses options modernistes par un traitement radical, tout aussi inusité dans le contexte niçois. Il s'agit de la villa Monada, dessinée par l'architecte Maurice Massin en 1933 pour "rhabiller" à la sauce cubiste une maison d'époque antérieure.

HYMNE
À LA MÉDITERRANÉE

CENTRE UNIVERSITAIRE MÉDITERRANÉEN
65, PROMENADE DES ANGLAIS
BUS N° 8, 11, 52 & 59 : ARRÊT GROSSO-CUM/PROMENADE
Tél. 04 97 13 46 10/11

C'est sur l'instigation de Paul Valéry, qui en fut l'administrateur de 1933 à 1940, que fut édifié le Centre universitaire méditerranéen, autre révérence adressée à la Grande Bleue par l'auteur du *Cimetière marin*. L'architecte Roger Séassal (voir p. 74) proposa en 1934 un projet mi-classique, mi-palladien, qui réussissait le prodige d'être par-dessus tout méditerranéen. Farouchement hermétique à toute tentation de modernité, il demeure un plaisant anachronisme au cœur de la baie des Anges. Mais le bâtiment séduit surtout par la grande qualité de son décor intérieur Art déco, parvenu intact jusqu'à nous. L'amphithéâtre lambrissé de bois et couronné d'un riche plafond étoilé s'ouvre en arc de cercle autour d'une large fresque murale, œuvre de Bouchon, constituant un vibrant hymne à la Méditerranée. De Cordoue aux pyramides d'Égypte en passant par Athènes et Constantinople, toutes les grandes civilisations qui virent le jour sur ses rives sont ici réunies en une gigantesque carte allégorique. À l'étage, le salon rouge recèle un intéressant tableau d'Émile-Auguste Véry figurant une Venise très librement interprétée. Quant au bureau de Paul Valéry, attenant, il semblerait que le poète vient juste de s'en absenter et que le confortable fauteuil de cuir vert, près de la fenêtre, attend sagement son retour...
Ces espaces, fréquemment utilisés pour de nombreuses manifestations culturelles, sont aisément visitables.

DRÔLES D'OISEAUX

IMMEUBLE GLORIA MANSIONS
123/125, RUE DE FRANCE
BUS N° 8, 9, 10, 11, 23, 52 & 59 : ARRÊT GROSSO-CUM/PROMENADE

Temple incontournable de l'Art déco niçois, le Gloria Mansions est l'un des rares immeubles de cette époque à avoir fait l'objet d'une inscription à l'inventaire supplémentaire des monuments historiques en 1989.
La genèse de ce vaste ensemble immobilier de luxe tient de la saga. Commandité par Joachim Nahapiet, promoteur égyptien d'origine arménienne, il est l'œuvre de l'architecte Garabed Hovnanian, lui aussi de souche arménienne, mais natif de Constantinople (voir p.54 et 69). Après avoir fui le génocide, il s'installe à Nice au début des années 1920 et fonde avec ses deux frères ingénieurs l'entreprise générale de construction Hovnanian. Artiste visionnaire tourmenté toute sa vie durant par une quête métaphysique, Garabed utilisera de façon très spectaculaire la technique du béton armé à des fins expressives. De nos jours, le morceau de bravoure formé par le grand hall et la cage est malheureusement inaccessible au public. Il arrive cependant qu'on puisse durant la journée pénétrer discrètement dans la cour intérieure de l'immeuble. Un saisissant effet de vague anime les façades, obtenu par l'alternance des balcons en portions d'ellipse, tantôt centrées, tantôt désaxées, qui butent sur les verticales plus ou moins espacées des piliers. Avec un certain éclectisme, les panneaux décoratifs d'inspiration méditerranéenne s'allient à des éléments géométriques empruntés à l'iconographie des gratte-ciels new-yorkais. Les rapaces de ciment qui semblent monter la garde au sommet de l'édifice sont les cousins directs des gargouilles en acier chromé du Chrysler Building de William van Allen. Quant au toucan énigmatique qui surprend le visiteur passant la grille d'entrée, il relève davantage de l'objet rituel vaudou ou d'une statuette maléfique égyptienne que des fantaisies kitsch de l'Art déco américain. Faut-il y voir l'empreinte du commanditaire ou bien la trace des questionnements spirituels de l'architecte ?

LE GRAND ESCALIER
DE MRS THOMPSON

MUSÉE DES BEAUX-ARTS JULES-CHÉRET
33, AVENUE DES BEAUMETTES
BUS N° 38 : ARRÊT LES BEAUMETTES/JULES-CHÉRET
Tél. 04 92 15 28 28
Ouvert tous les jours sauf le lundi de 10h à 18h.

Si la façade ocre de la villa évoque quelque palais de la Renaissance italienne, elle n'en a pas moins été inspirée à l'architecte Constantin Scala par le palais Razumovski à Batourine, car c'est une authentique princesse ukrainienne, Élizabeth Kotschoubey, qui acquiert le terrain en 1878 afin d'y édifier cette superbe résidence. Mais la démesure du projet a pour fâcheuse contrepartie la longueur du chantier. La persévérance n'est sans doute pas la principale qualité de la princesse : voyant les travaux s'éterniser, elle se lasse. En avril 1883, elle cède la maison encore inachevée à un richissime américain du nom de Thompson. Le nouvel arrivé la parachève de façon fastueuse, la dotant de fresques dans le goût pompéien.
Mais le plus frappant lorsque l'on pénètre dans l'édifice, c'est la somptuosité quasi disproportionnée du grand escalier à double volée qui s'élance depuis le grand hall vers l'étage noble. Cet accessoire architectural a sa justification : si monsieur Thompson est féru de sciences, madame fait résolument dans la mondanité. Ses ambitions ne connaissent aucune limite, elle ouvre un salon à faire pâlir les plus courus de la capitale : elle y reçoit sur un trône dressé au fond de la grande galerie, à laquelle aboutit le majestueux degré de marbre blanc. Ce ne sont alors que brillantes réceptions, bals et concerts, auxquels se presse le gotha de la Côte d'Azur.
Les feux de la fête s'éteignent cependant avec James Thompson, qui décède dans sa villa le 11 décembre 1897. Après une longue période durant laquelle la demeure est un temps habitée par le peintre Jules Chéret, la propriété est vendue, son parc à l'anglaise, loti. La Ville l'acquiert en 1925 et y établit le musée des Beaux-Arts.

PHALANSTÈRE EXPRESSIONNISTE

CASERNE DE POMPIERS DE MAGNAN
6, BOULEVARD DE LA MADELEINE
BUS N° 8, 9, 10, 11, 23, 52 & 59 : ARRÊT MAGNAN

Située dans le quartier de Magnan, au centre de la vaste place qui marque le départ du boulevard montant vers le vallon de la Madeleine, la caserne de pompiers de Magnan est un superbe témoin de l'architecture rationaliste.
C'est en juillet 1950 que la municipalité décide la création du centre interrégional de protection civile de Magnan, le corps de Nice ne disposant plus à la sortie de la guerre que d'une seule caserne, située rue Hancy. Ce projet ambitieux prévoit l'édification d'une caserne moderne, dotée de 101 logements, d'une piscine olympique et d'une salle omnisports.
Les plans sont confiés à l'architecte Aragon et le chantier débute en mai 1954. La caserne est achevée en 1956. De l'ensemble, articulé autour d'une vaste cour centrale, il se dégage une réelle monumentalité. Il s'agit là d'une architecture quasi expressionniste, jouant fortement des contrastes des horizontales et des verticales, de l'ombre et de la lumière. Les longs immeubles destinés aux logements sont reliés par des coursives ouvertes au corps central de la caserne surmonté d'une tour de contrôle. Les fines rambardes métalliques et les fuyantes des balcons traités en "passerelle" renforcent la métaphore navale. Les panneaux de pavés de verre des cages d'escalier et de la tour, les murs de claustras des pavillons d'entrée, la courbe tendue des balcons qui sculptent les tours d'habitation, tout concourt à doter cette architecture d'une forte valeur plastique, proche de l'univers des films américains en noir et blanc de l'après-guerre.

LES DEUX PLONGEURS DE MAGNAN

PISCINE JEAN-MÉDECIN
178, RUE DE FRANCE
BUS N° 8, 9, 10, 11, 23, 52 & 59 : ARRÊT MAGNAN
Tél. 04 93 86 24 01
La piscine est actuellement fermée pour travaux de rénovation.

Contiguë à la caserne des pompiers de Magnan, la piscine Jean-Médecin complète le vaste complexe de cette dernière. Cet équipement n'ayant pu être intégré, comme prévu, dans l'enceinte de la caserne, la Ville décida d'aménager dans ce quartier de Nice ouest, appelé à connaître un important développement, une piscine municipale couverte, dotée d'un bassin de 25 mètres sur 15, d'un autre de 15 mètres sur 8 et des derniers équipements modernes. C'est donc sur le vaste terrain disponible à l'angle de la rue de France et du boulevard de la Madeleine que l'architecte Aragon, qui venait de mener à bien l'édification de la caserne, projeta le beau bâtiment à trois étages dont le large pignon blanc orné de deux plongeurs marque depuis plus de quarante ans l'intersection des deux voies. Comme à la caserne, Aragon opte pour une architecture forte, opposant des volumes simples : au volume principal, parallélépipédique, rythmé par les larges verrières de la piscine soulignées de trois rangées d'allèges jaunes, s'oppose un beffroi aveugle entièrement recouvert de céramique vert émeraude, regroupant en son sein les circulations verticales. Ce signal marque également l'entrée de l'édifice, auquel on accède latéralement depuis le parvis situé juste après. Avec son traitement franc et coloré, la piscine Jean-Médecin constitue, plus de quarante ans après sa construction, un beau monument à la gloire de la natation.

UNE JOIE POUR TOUJOURS...

PALAIS DE MARBRE, ARCHIVES MUNICIPALES DE NICE
7, AVENUE DE FABRON
BUS N° 9, 10, 12 & 23 : ARRÊT FABRON/MUSÉE-D'ART-NAÏF, 34 : ARRÊT PLÉIADE

Le palais de Marbre, également appelé villa des Palmiers, est aussi surprenant par la qualité de son architecture que par le contraste entre celle-ci et son contexte, bien plus récent.
En 1840, le propriétaire, le banquier Honoré Gastaud, décide d'entourer son habitation d'un environnement végétal exotique. Il plante alors le vaste parc d'araucarias, de palmiers, d'eucalyptus et de cèdres, le complétant d'un jardin d'hiver et de pièces d'eau décorées de rocaille. La réputation de ce jardin est telle qu'en 1858, lors de son séjour sur la Riviera, la tzarine Alexandra Feodorovna demande à le visiter et que Napoléon III et l'impératrice Eugénie y seront logés lors des festivités de l'annexion du comté de Nice à la France.
En 1871, le consul Ernest Gambard, marchand d'art, rachète le domaine au banquier tombé en faillite. Il confie à l'architecte Sébastien-Marcel Biasini (voir p. 88, 127 et 128) le soin d'y édifier une somptueuse demeure dans le goût italien, lui servant à la fois de lieu de réception et de galerie d'exposition. Entièrement recouverte de marbre (d'où son surnom), la bâtisse associe à la Renaissance italienne des réminiscences néoclassiques. Un vers de Keats gravé sur sa façade en résume l'ambition : "A thing of beauty is a joy for ever". Le parc s'enrichit de pavillons, de fausses ruines à l'antique, de rocaille et d'un jardin à l'anglaise. Après la mort du consul, la villa est revendue en 1905 au baron russe Alexandre Von Falz-Fein qui y ajoute sa patte. En 1925, le roi des abattoirs de Buenos Aires, Édouard Soulas, la transforme... en luxueux lupanar ! À la Libération, les maisons closes sont prohibées et l'infréquentable palais attend 1956 pour être cédé à une société immobilière qui y crée l'ensemble résidentiel les Grands Cèdres, celui-là même qui lui sert de fond de décor aujourd'hui. Mais une partie du parc est préservée et le palais, cédé à la ville en 1960, abrite le service des archives municipales.

FLACON
ART DÉCO

MUSÉE D'ART NAÏF ANATOLE-JAKOVSKY
36, AVENUE VAL-MARIE
BUS N°S 9, 10 & 12 : ARRÊT FABRON/MUSÉE-D'ART-NAÏF,
34 : ARRÊT PLÉIADE
Tél. 04 93 71 78 33
Ouvert tous les jours sauf le mardi de 10h à 18h.
Fermé le 1er mai, le dimanche de Pâques, les 25 décembre et 1er janvier.
Entrée libre.

Au milieu du XIXe siècle, le domaine qui recouvre toute la colline de Fabron est la propriété du banquier Honoré Gastaud. Outre une maison de maître à l'emplacement de l'actuel palais de Marbre (voir p. 148), il comporte diverses maisons d'hôtes. Après la faillite de Gastaud, l'une d'elles est acquise par le directeur du casino de Monaco François Blanc, qui la baptise Villa Blanc. À sa mort, la propriété passe à sa veuve, Marie-Charlotte de Hiensel. Après la disparition de sa mère, Edmond Blanc fait bâtir une demeure sur le domaine. En 1896, Edmond et sa sœur cèdent la propriété à un sujet turc, Nissim Isachar Léon. Puis les héritiers de celui-ci la revendent à un Américain, Henry Welchman Bartol, qui demande à l'architecte Aaron Messiah de lui concevoir une vaste demeure. Couverte d'une terrasse à balustres, cette villa comprenait un porche couvert au nord, un large escalier au sud, une loggia à l'est, chaque élément étant rythmé de colonnades ioniques. Après la disparition de Bartol, en 1918, la veuve de son fils aîné, Caroline Borrar-Bartol, vend le domaine à un certain François Spoturno, plus connu sous le nom de Coty, le célèbre parfumeur. Mais la crise de 1929 affecte les affaires de ce dernier, et son divorce marque le début de sa ruine. Madame Coty à qui revient le château dépose en 1930 une demande de modifications, visant à le rajeunir ; cette tâche difficile incombe à l'architecte Malgaud, qui modifie radicalement l'œuvre de Messiah en en gommant les décors antiquisants, lui conférant son aspect actuel. Au décès d'Yvonne Coty, sa fille Christiane le cède en 1973 à la ville de Nice, qui y installe le musée international d'Art naïf Anatole-Jakovsky, inauguré le 5 mars 1982.

FAUSSE ABBAYE, VRAI CLOÎTRE

ABBAYE DE ROSELAND
44, BOULEVARD NAPOLÉON-III
(L'ABBAYE EST À L'INTÉRIEUR DU PARC RÉSIDENTIEL DONT LE PORTAIL SE TROUVE À L'ADRESSE CI-DESSUS)
BUS N° 22 : ARRÊT ABBAYE-DE-ROSELAND,
33 & 34 : ARRÊT COLLÈGE-DE-L'ARCHET

Roseland n'a jamais été une abbaye : à l'origine, au XVIIIe siècle, c'était l'une de ces maisons des champs bâties dans la campagne par les grandes familles niçoises. En 1763, elle devient la propriété d'une branche des Lascaris-Vintimille. Après la confiscation de leurs biens sous la Révolution, elle passe à la famille Jaume, puis en 1878 au comte Apraxine, aristocrate russe et grand mélomane. Mais Roseland doit l'essentiel de son aspect actuel à Édouard Larcade qui s'en rend acquéreur en 1925. Grand antiquaire parisien, originaire du Sud-Ouest, il incorpore au bâtiment de nombreux éléments médiévaux qui parviennent toutefois à s'harmoniser avec le décor en trompe-l'œil de la façade du XIXe siècle. Le plus remarquable est sans nul doute le cloître qui aligne vingt-six colonnes du Ve au VIe siècle, provenant d'un prestigieux édifice religieux toulousain, la Daurade. Les autres colonnes, caractéristiques de l'art gothique, ont été "empruntées" au cloître de Bonnefont.
En 1961, le fils de Larcade, propriétaire d'une galerie d'avant-garde à Paris, organise dans l'abbaye le premier festival des Nouveaux réalistes, autour d'Arman, d'Yves Klein et de Karel Appel. En 1968, la ville de Nice obtient la nue-propriété du bâtiment et d'une partie des jardins, œuvre de l'architecte paysagiste Octave Godard. Originaire de Picardie, celui-ci s'installe sur la Côte en 1907 et dessine plusieurs jardins paysagers, dont ceux de la villa Bellanda à Cimiez et des Grands Cèdres à Fabron. Dans les années 1923-1927, il crée à Roseland un jardin composite adoucissant la géométrie à la française par une note italienne (sculptures et vasques de marbre blanc) et une touche anglaise (sinuosités de la montée au cloître). Les essences méditerranéennes : chêne vert, olivier, pin d'Alep, voisinent avec une végétation exotique mêlant arbre de Judée, néflier du Japon, palmier des Canaries, figuier de Barbarie...

L'EMPEREUR
CHEZ LES "GOTHIQUES"...

MANOIR LÉLIWA DE ROHOZINSKI
AVENUE LÉLIWA ET 1, CHEMIN DU VALLON-DE-BARLA
BUS N° 9 & 10 : ARRÊT VALLON-BARLA, 34 : ARRÊT DAUPHINE

Au sud-ouest du fameux domaine Gastaud (voir p. 148 et 149) et au débouché du vallon Barla, la silhouette d'un bien curieux édifice surgit en bordure de la voie rapide Pierre-Mathis. Ce fruit du XIXe siècle finissant semble tout droit échappé d'une fantasmagorie de Louis II de Bavière. Le château Léliwa est dû à un comte polonais, Michel Léliwa de Rohozinski, qui acheta vers 1880 la propriété à la famille Girard et confia la réalisation de la maison aux bons soins de son compatriote, l'architecte Adam Dettloff (1851-1914), grand prix de Rome et par ailleurs auteur du château des Ollières. Grand admirateur de Napoléon, le comte pare son château d'un buste de l'Empereur et d'une nuée d'aigles. Poivrières, tour crénelée et fenêtres à meneaux, toute la panoplie du style troubadour, revisitée au goût de l'Europe centrale, est conviée ! Vice-président du comité des fêtes de 1912 à 1914, le comte Léliwa de Rohozinski participe activement avec son épouse à la vie mondaine de Nice, donnant de mémorables réceptions au manoir, qui abrite aujourd'hui une étude de notaire.

UNE RUSSE BIEN FRANÇAISE !

BATTERIE DU CIMETIÈRE RUSSE
24, AVENUE RAOUL-DUFY (FACE AU COLLÈGE)
BUS N° 65 & 73 : ARRÊT RAOUL-DUFY

Le site est englobé dans un vaste jardin formant plateau au sommet d'une colline, près du collège Raoul-Dufy. Pour les enfants qui s'y précipitent après la classe, l'ancien fort militaire est un vaste château hanté, peuplé de toutes sortes de créatures nocturnes, fantômes, démons et vampires !... La batterie russe, contrairement à ce que l'on peut penser, n'a rien à voir avec l'histoire de la colonie russe de Nice. Il s'agit en fait d'une batterie militaire construite en 1891 pour la défense côtière. Comme elle se trouvait à côté du cimetière russe de Caucade, on l'a baptisée "batterie du cimetière russe", vite raccourci en "batterie russe". Une autre légende, tout aussi vivace, voulait que la batterie soit équipée en canons russes. Mais ses quatre canons de 240 mm modèle 1884 et les quatre autres de 95 mm modèle 1888 étaient tout ce qu'il y a de plus français ! La batterie se compose d'un fort pentagonal, avec courtine à la gorge, ses fossés secs étant défendus par deux murs de contrescarpe. Sa construction s'inscrit dans la mise en place d'un ample dispositif de défense élaboré à partir de 1877, suite aux tensions occasionnées par des différends avec l'Italie, désireuse de récupérer la région de l'Authion et de Sospel. Les travaux entrèrent dans une phase active en 1879, avec l'arrivée à Nice d'une compagnie du génie militaire, qui bâtit de 1880 à 1900 une multitude de forts, casemates et batteries le long des montagnes du Mercantour et, depuis l'Authion jusqu'à la côte, sur les hauteurs de Nice. C'est de cette époque que datent nombre de forts qui entourent la ville, comme ceux du mont Chauve, du mont Boron et du mont Gros.

CORNICHE FLEURIE

SERRES HORTICOLES
À L'ANGLE DE L'AVENUE RAOUL-DUFY ET DE L'AVENUE DE LA CORNICHE-FLEURIE
BUS N° 65 & 73 : ARRÊT PRIMAVERA

S'il est à Nice une avenue qui porte bien son nom, c'est celle de la Corniche-Fleurie, qui relie en serpentant sur les hauteurs du quartier de Sainte-Marguerite le chemin de la Ginestière et l'avenue de la Lanterne. Au beau milieu de son parcours, à l'intersection avec l'avenue Raoul-Dufy, non loin de la batterie russe, des serres s'étagent encore à flanc de coteau, témoignant d'une activité horticole qui fut longtemps très prospère. Proche du cimetière, le quartier de Caucade comportait encore de nombreuses propriétés, en activité jusqu'à la fin des années 1960. Si la région était réputée dès le XIXe siècle pour ses productions d'agrumes tels l'oranger, le citronnier et le bigaradier, dont la distillation des fruits permettait d'obtenir l'essence servant de base à l'eau de Cologne, elle était tout aussi fameuse pour son abondante production de fleurs. Ce n'est certes pas un hasard si à la Belle Époque les corsos fleuris se multiplient de Cannes à Menton. La production des fleurs coupées, étayée par les progrès de l'irrigation et des moyens de transport rapides, demeure vivace jusqu'à la crise de 1929, qui provoque un net ralentissement. Elle connaît un nouvel essor après la Seconde Guerre mondiale : une mutation s'opère alors avec la culture en serre de l'œillet de Nice qui, montant à la conquête des collines, infléchit de façon décisive l'évolution du terroir local. À la production de l'œillet, il faut ajouter celle de la violette de Parme, de la giroflée, du narcisse et de la rose. Mais, dès les années 1970, les fleurs cèdent le pas aux assauts répétés de la promotion immobilière. Les serres de la Corniche-Fleurie sont de précieux et charmants vestiges d'une époque hélas révolue.

CES FOUS VOLANTS...

MONUMENT À L'AVIATEUR FERBER
329, PROMENADE DES ANGLAIS (À CARRAS, FACE À L'AVENUE DE LA LANTERNE)
BUS N° 8 : ARRÊT LA LANTERNE, 9 & 10, ARRÊT FERBER ; 65 & 73 : ARRÊT CARRAS

L'histoire de Nice est depuis longtemps liée à celle de l'aviation et le quartier de l'aéroport conserve encore le souvenir de l'époque des "fous volants sur leurs drôles de machines". Parmi ceux-ci, on retiendra le nom du capitaine Ferdinand Ferber qui tenta le 6 juin 1903 de prendre son envol sur la plage de Nice. Son "aérodrome" était censé être propulsé selon le principe de la fronde par une grue giratoire de 18 mètres de hauteur équipée d'un bras de 30 mètres de long. Les Niçois, sceptiques, raillèrent l'original en baptisant cet engin *La ratapignata* (la chauve-souris).

Cet essai, aussi coûteux qu'infructueux, convainquit Ferber qu'il fallait équiper les aéroplanes d'un moteur. Lors de son séjour niçois, il écrivit : "Comme les moteurs doublent de force chaque année sans augmentation de poids et qu'ils sont à la disposition de tout le monde, quelqu'un volera, c'est fatal." Récompensé de sa persévérance, il finit par prendre son envol le 27 mai 1905 à Chalais-Meudon, devenant le troisième homme volant après les frères Orville et Wilbur Wright qui avaient quitté le sol le 17 décembre 1903. Très fair-play, ceux-ci écrivirent au Français le 4 novembre 1905 : "Nous n'avons pas cru au danger d'être rattrapés avant cinq ou dix ans au moins. La France a de la chance d'avoir un Ferber."

C'est en souvenir de ces temps immémoriaux qu'un monument de marbre blanc, érigé en 1911 sur la promenade des Anglais, face à l'avenue de la Lanterne, honore le capitaine Ferber. Œuvre du sculpteur Fabius Stecchi

(1885-1928), il figure en une allégorie naïve une gloire voilée tendant une palme vers un médaillon à l'effigie de l'aviateur ; à ses pieds, on distingue une pale d'hélice, un élément de moteur et un volant, puis l'aigle de Nice entouré des mots *Cadendo elatus*. Pour couronner le tout, le quartier avoisinant a adopté le nom du valeureux pionnier.

PÊCHE MIRACULEUSE

PORT DE PÊCHE DE CARRAS
PROMENADE DES ANGLAIS, À LA HAUTEUR DU N° 279
BUS N° 9 & 10 : ARRÊT CARRAS, 11 & 60 : ARRÊT CARRAS/FRÉMONT,
52 & 59, ARRÊT CARRAS/PROMENADE

De l'ancien village de Carras, englouti par les étapes successives de l'urbanisation, il ne reste hélas plus grand-chose, si ce n'est quelques modestes maisons d'un ou deux étages alignées en front de mer, un peu avant l'aéroport. Mais au début du siècle dernier, Carras était un lieu de pêche à l'activité intense. Il comptait une cinquantaine de barques, des maisons qui sentaient le poisson, de robustes femmes qui répareraient les filets et vendaient à la criée soles, mulets, sardines, anchois, poutine et autres… La concurrence était rude pour avoir les meilleures "cales", si bien que les pêcheurs devaient tirer au sort leur emplacement pour éviter toute dispute.

De nos jours, la question ne se pose plus : l'avenue de la Californie s'est dotée de grands immeubles, l'aéroport a étendu ses pistes et le quartier d'affaires de l'Arénas a parachevé la densification urbaine du secteur. Néanmoins, une famille d'irréductibles pêcheurs continue son activité, bravant les foudres de la modernité. Dans une petite crique lovée face aux vestiges du hameau, elle fait vivre chaque matin le modeste port où elle vend le produit de sa pêche, reproduisant ces gestes séculaires immortalisés dans les tableaux du peintre niçois Félix Ziem qui habita lui-même ce quartier à partir de 1842.

Et chaque année, pour célébrer l'arrivée de l'été, dans la nuit de la Saint-Jean le 24 juin, le port de Carras devient le théâtre de festivités, mêlant en une joyeuse kermesse, spectacles, aubade et musique folklorique, perpétuant au travers de ce rite antique la vie du village disparu.

AUX MYTHES RÉUNIS

GARAGE DE L'AVIATION
100, BOULEVARD RENÉ-CASSIN
BUS N° 9, 10 & 23 : ARRÊT ARENAS

Sur le boulevard René-Cassin, à l'angle d'une rue desservant l'accès de la voie rapide urbaine, se dresse le garage de l'Aviation, fier témoin d'une époque révolue. Sa façade blanche surmontée d'une enseigne bleue en caractères bâtons et les alignements en dents de scie de ses toitures de tuile mécanique nous rappellent le temps où ce quartier, alors dépendant du village de Carras, vivait les heures glorieuses de la conquête de l'air, l'époque des machines volantes du capitaine Ferber (voir p. 155) ! À l'origine, le terrain d'atterrissage de la Californie n'était qu'un vaste champ en bordure de mer, réservé aux meetings aériens. Le projet d'un aérodrome ne prit corps qu'à partir de 1929. On peut donc raisonnablement penser que ce garage date de la période pionnière de l'entre-deux-guerres, fascinée par la vitesse et par les progrès constants de l'automobile et de l'aviation.

ZEN

PAVILLON DE THÉ
DU MUSÉE DES ARTS ASIATIQUES
405, PROMENADE DES ANGLAIS, ARENAS
BUS N° 9, 10 & 23 : ARRÊT ARENAS
Tél. 04 92 29 37 00
Ouvert tous les jours sauf le mardi
de 10h à 18h (du 2 mai au 15 octobre),
jusqu'à 17h (du 16 octobre au 30 avril).
Fermé le 1er janvier, le 1er mai
et le 25 décembre. Entrée libre.
Animation et cérémonie du thé : 6,50 €.

Au cœur du quartier futuriste de l'Arénas, vaste centre d'affaires édifié sur le modèle de la Défense vis-à-vis des pistes de l'aéroport international de Nice, un havre mérite amplement le détour. Bâti sur les plans de l'architecte japonais Kenzo Tange à la fin des années 1990, le musée des Arts asiatiques, dévolu au patrimoine de l'Extrême-Orient, est niché dans un ravissant jardin qui déploie ses pelouses autour d'un étang où folâtrent colverts, cygnes noirs et pélicans. L'architecture du bâtiment serti de marbre blanc repose sur deux formes fondamentales de la tradition japonaise : le carré, symbole de la terre et le cercle, symbole du ciel. Ses salles aux murs clos forment un précieux écrin pour les collections évoquant les civilisations chinoise, japonaise, cambodgienne et indienne. Mais s'il est en son sein un espace particulièrement propice à la méditation et au dépaysement, c'est bien le pavillon du thé. Une passerelle épurée franchit l'étang pour nous y conduire. Ouvrant au rez-de-chaussée ses

parois de verre sur une épaisse bambouseraie lacustre, l'intérieur de la pièce est des plus sobres : sièges et tables aux essences blondes, disposés sur les traditionnels tatamis. Sur des étagères, quelques objets indispensables au bon déroulement de la cérémonie du thé. Ce rite essentiel de la culture japonaise a partie liée avec la méditation bouddhique. La cérémonie peut durer plusieurs heures dans sa forme la plus accomplie et repose sur quatre grands principes : l'harmonie, le respect, la pureté et la sérénité.

ON TOURNE !

STUDIOS DE LA VICTORINE
16, AVENUE ÉDOUARD-GRINDA
BUS N° 11 & 12 : ARRÊT GRINDA
Tél. 04 93 29 92 12

La saga des studios de la Victorine débute en 1919, lorsque les producteurs Serge Sandberg et Louis Nalpas rachètent la propriété du prince d'Essling… sept francs le mètre carré !
En 1925, Sandberg loue les studios à un jeune réalisateur américain, Rex Ingram, qui vient de tourner *Les Quatre Cavaliers de l'Apocalypse* avec Rudolf Valentino. Le Rex Ingram Ciné-Studio connaît une activité intense : Marcel L'Herbier y réalise *Le Diable au cœur* (1926), Jean Renoir *Marquitta* (1927) et Maurice Gleize, *La Madone des sleepings* (1927). Mais le filon oriental de Rex Ingram – *Le Magicien* (1926), *Le Jardin d'Allah* (1927) – marque la fin du cinéma muet. En 1928, il quitte Nice et Sandberg vend les studios. Le parlant voit se succéder le *Don Quichotte* de Pabst (1933) et le *Macau, enfer du jeu* de Jean Delannoy (1939).
Après la guerre vient l'ère des films à grande distribution : *Fanfan la Tulipe* de Christian-Jaque avec Gina Lollobrigida et Gérard Philipe (1951), *La Main au collet* d'Alfred Hitchcock avec Grace Kelly et Cary Grant (1954), *Et Dieu créa la femme* de Roger Vadim avec Brigitte Bardot (1956), *Lady L.* de Peter Ustinov avec Sophia Loren et Paul Newman (1964)…
En 1973, avec *La Nuit américaine*, François Truffaut rend un ultime hommage au septième art et à la Victorine.
Malgré cette histoire prestigieuse, les studios passent par des crises périodiques : difficultés financières, irruption de la Nouvelle Vague préférant tourner en décors naturels, pression des promoteurs convoitant les terrains, manque de dynamisme de certains directeurs. En 1999, un ultime avatar met fin aux studios de la Victorine. Les studios Riviera qui ont pris possession des lieux en 2000 produisent essentiellement des programmes télévisés.
Seule évocation des temps anciens, le décor demeure, avec la grue de travelling, les ateliers de menuiserie, les pavillons de tournage désuets et, toujours pimpant, le pavillon rose du prince d'Essling.

LES COLLINES

Située sur la commune de Gairaut, l'aire Saint-Michel est une "campagne" où l'on battait jadis le blé, à proximité d'une chapelle dédiée à saint Michel.
Le poète niçois Émile Négrin la décrit ainsi dans ses *Promenades de Nice* en 1870 : "L'aire Saint-Michel est une sorte de carrefour avec des pins auquel aboutissent le vieux chemin de Gairaut, la grand-route d'Aspremont, celle de Falicon, un chemin de montagne à gauche, et le chemin de Rimiès à droite." L'archange Michel, chef des armées célestes, est considéré comme le protecteur des hauteurs dans le pays de Nice où lui sont dédiées pas moins de quinze paroisses et onze chapelles !
Mais, au règne de l'automobile, il faut pour apprécier les beautés du panorama rouler jusqu'à un parking et continuer à pied quelque cent mètres jusqu'à un point de vue doté d'une table d'orientation.
La patience est alors amplement récompen-

UN BALCON SUR LA MER

AIRE SAINT-MICHEL
AVENUE JULES-ROMAINS (CD 114), GAIRAUT
BUS N° 25 : ARRÊT AIRE-SAINT-MICHEL

sée : les pins parasols, les chênes et les oliviers se partagent cette terre sauvage de près de sept hectares balayée par le vent. Au détour d'un chemin, un simple banc de fer fait face à la mer : on prendra la peine de s'y asseoir un instant, pour contempler un immense paysage, partant au levant de l'Italie, Menton et Monaco, pour atteindre le cap d'Antibes et les îles de Lérins au ponant. Le silence est à peine troublé par une vague rumeur de la ville qui nous parvient d'en bas... comme pour rappeler à l'Olympe l'agitation des mortels.

Au beau milieu de ce parc exceptionnel où citadins et sportifs peuvent s'ébattre en liberté, on découvrira peut-être les restes de fortifications datant de la guerre de Succession d'Autriche (1740-1748) ou ceux de deux enceintes ligures. À moins qu'on ne préfère y emprunter le sentier de grande randonnée GR5 pour rejoindre à pied la Hollande !

MARIENBAD
AUX PORTES DE NICE

CASCADE DE GAIRAUT
À NICE-NORD, PRENDRE L'AVENUE DE GAIRAUT PUIS EMPRUNTER L'ANCIEN CHEMIN DE GAIRAUT, EN MONTANT À DROITE PRÈS DE LA CASCADE. LE DÉBUT DU SENTIER SE SITUE À PROXIMITÉ D'UN PORTAIL QUI SEMBLE DÉLIMITER UNE PROPRIÉTÉ PRIVÉE.
BUS N° 25, 63, & 76 : ARRÊT CASCADE-DE-GAIRAUT

La cascade de Gairaut et le chalet qui la surplombe constituent un monument célébrant l'arrivée à Nice en 1883 des eaux de la Vésubie. Cette réalisation s'inscrit dans le contexte des manifestations architecturales conçues à la fin du XIXe siècle par des compagnies privées pour promouvoir l'alimentation en eau des grandes villes. L'exemple le plus connu est celui du palais Longchamp de Marseille.

Situé sur les hauteurs de Nice, le site jouit d'un panorama exceptionnel sur la ville, avec au loin l'acropole du Château se découpant devant la mer, au premier plan, d'anciennes campagnes et, toute proche, l'église italianisante de Gairaut.

Quant à l'inspiration autrichienne du chalet, elle reflète, en pleine Belle Époque, la vogue des villes d'eau d'Europe centrale, comme Baden ou Marienbad, où l'hydrothérapie se conjuguait avec moult distractions estivales empreintes de folklore. Coiffé d'une dentelle de bois, le pavillon se dresse sur un socle de faux rochers, encadré de balustrades en rocaille, dominant l'ample chute à ressauts qui se jette dans un bassin, accentuant la symétrie de la composition. Ces motifs rocaille, très en vogue à l'époque, se retrouvent à Nice dans la cabane en faux rondins qui jouxte la villa Beau Site édifiée par Biasini sur le boulevard du Mont-Boron (voir p. 88). D'un point de vue plus technique, la cascade de Gairaut constitue le point culminant du canal de la Vésubie. L'idée en revint au médecin-agronome François Fodéré dès 1803, bien avant que le projet, progressant par étapes successives, soit confirmé par une loi de 1878 déclarant le canal de la Vésubie "d'utilité publique". À son rôle symbolique et esthétique, la cascade joint une fonction technique : l'oxygénation de l'eau qui y est amenée par pompage, avant sa distribution dans la ville.

UNE PYRAMIDE PEUT CACHER UNE GROTTE !

PYRAMIDE DE FALICON

ACCÈS : EN DIRECTION DE FALICON, S'ARRÊTER À L'AIRE SAINT-MICHEL, PUIS MONTER DANS LE QUARTIER DES GIAINES. EN FACE DE LA BOULANGERIE, PRENDRE LE CHEMIN SINUEUX DE LA "RATAPIGNATA". AU CROISEMENT, PRENDRE À DROITE JUSQU'À UN MAS EN RUINE. SUIVRE LE CHEMIN ÉTROIT QUI LONGE L'ÉDIFICE PENDANT 10 MINUTES.
BUS N° 25 : ARRÊT AIRE-SAINT-MICHEL

Aussi surprenant que cela puisse paraître, Nice possède aussi sa pyramide : la pyramide de Falicon. Située sur le territoire de Falicon, petite commune surplombant la ville au nord, on y accède en empruntant le tortueux chemin des Giaines qui débute en face d'une boulangerie. L'histoire du "monument" demeure des plus floues et un doute plane toujours sur ses origines. Aujourd'hui en mauvais état (son faîte est arasé), la pyramide marque l'entrée de la grotte des Ratapignatas (en niçois, "la grotte des chauves-souris"). Celle-ci fut découverte un beau matin de printemps 1803 par un avocat siennois en vacances dans la région, Domenico Rossetti. L'aventure lui inspira un long poème, publié à Turin l'année suivante, qui contribua beaucoup à la renommée du site, *La Grotta di Monte-Calvo* (la grotte du Mont-Chauve). Le frontispice de ce poème, dû à une certaine Sophie Lederk, représente "l'avocat Domenico Rossetti inventeur de la grotte du Mont-Chauve le 24 mars 1803" entouré de deux petits monuments : une bastide et une pyramide qu'il pointe du doigt, située au-dessous de la grotte, dont ce dessin constitue la plus ancienne représentation connue. Mais Rossetti reste muet à son sujet. Ce silence fut interprété de deux façons opposées : soit la pyramide n'existait pas le jour de la découverte de la grotte, soit elle était là depuis si longtemps qu'on ne la remarquait plus. Le curieux édicule fut dès lors l'objet de maintes hypothèses : certains crurent y voir un ancien temple gallo-romain, arguant du fait que Nice comptait une colonie romaine,

Cemelenum, tandis que d'autres étaient convaincus qu'il s'agissait d'un monument de l'Ordre du Temple. Beaucoup d'encre coula sur le sujet. Toutefois, une récente enquête de l'Institut de préhistoire et d'archéologie Alpes-Méditerranée, qui aboutit au classement de l'édifice en 2007, apporte une explication plus prosaïque : la pyramide aurait tout simplement été édifiée entre 1803 et 1812 afin de mieux signaler l'entrée de la grotte que Domenico Rossetti appelait "grotte du Mont-Chauve".

PLUS FORT
QUE LES TURCS

FORT DU MONT-ALBAN
ROUTE DU FORT-DU-MONT-ALBAN
BUS N° 14 : ARRÊT CHEMIN-DU-FORT

Le siège de Nice de 1543 mené par les armées franco-turques de François Ier et de Barberousse matérialise les craintes de la maison de Savoie (voir p. 10 et 32). Mais heureusement, les travaux de fortification entrepris par le duc Charles III (1486-1553) et les trois massifs bastions du front nord, érigés en 1517, sauvent la ville. En 1550, afin de compléter ce dispositif de défense par une batterie côtière, l'empereur Charles Quint met à la disposition de son beau-frère Charles son propre "suprême ingénieur" militaire, Gianmaria Olgiati. Ce dernier conçoit alors un véritable front de mer défensif constitué de fortifications aptes à se couvrir l'une l'autre : la citadelle Saint-Elme de Villefranche, le fort du Mont-Alban et la citadelle de Nice. La réalisation de ce projet ne sera menée à bien que sous Emmanuel-Philibert (1528-1580), lorsque celui-ci eût réuni les fonds nécessaires, après la victoire de Saint-Quentin (1557) et la paix de Cateau-Cambrésis (1559). Les travaux sont alors confiés aux ingénieurs Paciotto, Ponsello et Provana de Leyni. Ces "fortifications d'un nouveau type" reposent sur deux principes : les remparts abaissés sont remplis de terre pour amortir les chocs et le tracé est en étoile, avec des bastions triangulaires réduisant les angles morts. D'une superficie de 742 mètres carrés, le fort du Mont-Alban s'inscrit dans un carré de 40 mètres de côté. Il possède des bastions d'angles en forme d'as de pique très saillants, terminés en tourelles. Il a été bâti avec un remarquable souci d'adaptation au terrain, afin de pouvoir résister aux tirs depuis le col de Villefranche au nord et depuis l'extrémité sud du mont Boron, avec une garnison ne dépassant pas 50 à 70 hommes.

De nos jours, il constitue, avec sa vue imprenable sur Villefranche, un parcours de promenade idéal pour les amateurs de jogging et les amoureux.

UN JEU QUELQUE PEU CHINOIS

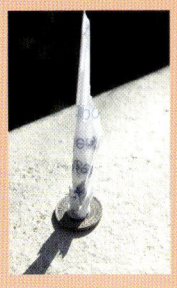

**JEU DE PILOU, LE "PILOUDROME"
ROUTE FORESTIÈRE DU MONT-BORON
(À DROITE EN MONTANT LA ROUTE,
PEU APRÈS L'AUBERGE DE JEUNESSE)**
BUS N° 14 : ARRÊT L'AUBERGE

Le pilou, ce jeu de jonglage qui se joue avec une pièce trouée, est l'un des symboles de l'identité niçoise, au même titre que la galette de farine de pois chiche nommée *socca*.
C'est un marin vénitien qui apprit le jeu lors d'un voyage de Marco Polo en Chine, au XIIe siècle. En escale à Nice, il en fit une démonstration, très appréciée des habitants. Lorsqu'au début du XXe siècle apparurent en France les pièces percées, un Niçois eut la lumineuse idée de glisser un volant de papier à l'intérieur et de jongler avec : le jeu se répandit dans toutes les rues et cours d'école de la ville. Il connut son apogée dans les années 1950 : dans *La Main au collet* d'Alfred Hitchcock, qui se déroule sur la Côte d'Azur en 1955, on voit deux policiers s'échanger le pilou durant une pause. Les règles sont alors codifiées : on y joue seul ou à plusieurs, la pratique la plus prisée est celle des quatre ronds qui se joue à deux contre deux. La pièce idoine est celle de 25 centimes, lourde et qui vole bien. À défaut, celle de 10 centimes, plus légère, moins aérienne mais aussi moins meurtrière pour les genoux.
Étymologiquement, *pilou* provient du mot "pile", désignant le revers de la pièce (pile étant issu du latin *pila* qui signifie "colonne"). Le glissement s'opéra dès l'époque romaine quand l'on frappa sur les pièces le portrait de l'empereur ; le mot pile désigne l'autre face car on la gravait de la valeur de la pièce à l'aide d'un pilon de fer acéré. Lorsque César institua le jeu de "pile ou face", le côté "face" où apparaissait son visage désignait le vainqueur.
À Nice, le côté qui donne son nom au jeu est le revers : doit-on y voir une marque rebelle ?

Jeu de rue par excellence, le pilou a cependant ses espaces dévolus : les jeunes s'y adonnent sur la Promenade ou au collectif des Diables Bleus. Mais le "piloudrome" le plus fameux est celui de la route du Mont-Alban : on y jouit d'une imprenable vue sur la ville, ce qui ne gâte en rien le plaisir !

LE COIN
DES AMOUREUX

ROUTE FORESTIÈRE DU MONT-BORON
BUS N° 14 : ARRÊT MONT-BORON
CONTINUER LA ROUTE FORESTIÈRE DU MONT BORON EN ALLANT VERS LE PALAIS MAETERLINCK ; JUSTE AVANT LA DESCENTE, S'ARRÊTER SUR LE TERRE-PLEIN, PUIS ENJAMBER LE MURET POUR DÉCOUVRIR LE PANORAMA.

Il existe, bien à l'abri des regards indiscrets, un coin idyllique propice aux tête-à-tête amoureux. Celui-ci se niche à l'un des détours de la route forestière du mont Boron, sous une ancienne batterie encastrée au pied du fort, à l'aplomb du boulevard Maurice-Maeterlinck.

Pour parvenir à ce tertre gazonné, il faut certes enjamber une barrière métallique, mais une fois sur place, l'effort est largement récompensé : la vue y est réellement panoramique, elle embrasse la totalité de la baie des Anges, depuis les montagnes de l'Estérel et le cap d'Antibes à l'ouest jusqu'à la rade de Villefranche et au cap Ferrat à l'est, avec au premier plan le contour de quelques pins parasols, d'agaves, d'arbousiers et autres massifs de lentisques odorants.

LES ENVIRONS DE NICE

PRIEZ POUR NOUS, PAUVRES PÊCHEURS

CHAPELLE SAINT-PIERRE
QUAI DE L'AMIRAL-COURBET, 06230 VILLEFRANCHE-SUR-MER
BUS N° 80 : ARRÊT PORT-DE-LA-SANTÉ, 81 & 100 : ARRÊT LA BARMASSA
Tél. 04 93 76 90 70
Ouvert de 10h à 12h et de 14h à 18h en automne et hiver,
de 10h à 12h et de 15h à 19h au printemps et en été.
Tarif : 2,50 €.

Nichée à l'entrée du port de Villefranche, entre les bâtiments de la capitainerie et l'hôtel Welcome, la petite façade rose de la chapelle Saint-Pierre présente un bien curieux décor qui semble fixer le passant de ses deux yeux encadrant l'effigie du saint patron. Ce petit bijou, qui appartient à la prud'homie des pêcheurs de Villefranche, est la matérialisation d'un rêve longtemps caressé par Jean Cocteau. Le peintre écrivain et cinéaste porta en effet ce projet pendant plus de dix ans avant de pouvoir le réaliser en 1957, décorant entièrement, à l'extérieur comme à l'intérieur, une petite chapelle datant vraisemblablement de la deuxième moitié du XVIe siècle. Ce travail, qui dura des mois, requit le talent de divers artistes et artisans locaux, comme le peintre Jean-Paul Brusset qui effectua la mise en place des figures, les céramistes ou les tailleurs de pierre. Inspirée de la simple ferveur de l'art roman, la chapelle évoque en une harmonieuse synthèse la vie de l'apôtre, le village cher à la jeunesse de l'artiste et son amitié pour les pêcheurs : Cocteau dessina les filets sur les murs et les voûtes, comme pour rappeler que Dieu est, lui aussi, un pêcheur d'âmes. L'intérieur comporte cinq scènes principales, les deux premières sont une allusion à la vie méditerranéenne : l'hommage aux Saintes-Maries-de-la-Mer et l'hommage aux Demoiselles de Villefranche ; les trois suivantes relatent des épisodes de la vie de saint Pierre. La messe y fut célébrée pour la première fois le 30 juin 1957.

OBSCURE ET OGIVALE

**RUE OBSCURE
PRENDRE LA RUE DE L'ÉGLISE
À PARTIR DU QUAI DE L'AMIRAL-COURBET
06230 VILLEFRANCHE-SUR-MER**
BUS N° 80 : ARRÊT PORT-DE-LA-SANTÉ, 81 & 100 : ARRÊT LA BARMASSA

Au cœur du vieux village de Villefranche, juste au-dessus du port depuis lequel elle est accessible par la rue de l'Église, la rue Obscure est l'un de ces lieux étranges qui vous transporte au-delà du temps. Elle se présente comme une longue rue couverte passant sous les maisons, offrant à son intersection avec la rue de May de pittoresques échappées sur les quais.

Longue de 130 mètres et datant du XIVe siècle, elle est située le long du premier rempart, et constituait originellement la continuité du chemin de ronde défensif. À cette lointaine époque, où elle n'était pas encore couverte, elle avait pour fonction de faciliter la circulation et les manœuvres des "gens d'armes". Des quatre portes permettant alors l'accès à la cité, il ne subsiste que le "Portal Robert".

Lorsque les nécessités défensives disparurent, elle fut l'objet d'une urbanisation irrégulière, notamment pour densifier les habitations de la rue du Poilu, située juste au-dessus. Le plancher supérieur, soutenu par d'épaisses poutres transversales, est étayé à intervalles réguliers par des arcades en ogive. Tout le long de la rue s'ouvrent des caves anciennes particulièrement bien conservées, certaines disposant encore de leur puit. Elles servaient jadis d'abris pour les chèvres et les ânes et étaient également utilisées pour le stockage de l'huile et du vin. La rue Obscure a été inscrite à l'inventaire des monuments historiques en 1932.

PÂTISSERIE PROUSTIENNE

ROTONDE DE BEAULIEU
**À L'ANGLE DE L'AVENUE DES HELLÈNES
ET DE LA RUE DU LIEUTENANT-COLONELLI
06310 BEAULIEU-SUR-MER**
BUS 81 & 84 : ARRÊT KÉRYLOS

Délicieuse pâtisserie fin de siècle inaugurée en 1904, la Rotonde de Beaulieu est due à l'architecte Hans Georg Tersling (1857-1920), auteur entre autres de l'hôtel Métropole de Monte-Carlo et du palais Masséna à Nice (voir p. 64). Ce chantre de l'éclectisme mêle diverses réminiscences, télescopant dans un subtil dosage Renaissance italienne, classicisme français et... style Napoléon III ! Adjacente à l'hôtel Bristol, du même architecte, la Rotonde se présente sous la forme d'une grande salle circulaire à absides vitrées, coiffée d'une coupole à pans coupés. S'intercalant entre les larges panneaux de verre cintré, de fines colonnes corinthiennes portent la structure des absides.

Elle fut réalisée afin de doter l'hôtel d'une salle à manger supplémentaire, servant également aux thés dansants de l'après-midi pour lesquels cet espace particulièrement rayonnant et lumineux était merveilleusement adapté. Ces thés dansants, dont l'atmosphère feutrée évoque *À la Recherche du temps perdu* de Marcel Proust, ont été instaurés par la colonie britannique très présente sur la Riviera. Ils mêlaient en une société élégante et cosmopolite les hivernants de la bonne société et les représentants des familles régnantes d'Europe de passage sur la Côte.

La terrasse de la Rotonde donne sur le jardin du casino précédé, tout au long de la route du bord de mer, d'une imposante rangée de palmiers de Californie. Récemment restauré, l'édifice accueille désormais diverses manifestations culturelles, rassemblements professionnels ou réceptions privées.

LE PIANO À L'ANTIQUE DE FAURÉ

VILLA KÉRYLOS
RUE GUSTAVE-EIFFEL, 06310 BEAULIEU-SUR-MER
BUS 81 & 84 : ARRÊT KÉRYLOS
Tél. 04 93 01 01 44. Tarif : 8,50 €
Ouvert tous les jours de 10h à 18h de février à octobre
et durant les vacances scolaires, du lundi au vendredi de 14h à 18h
et le samedi et le dimanche de 10h à 18h le reste de l'année.

La villa Kérylos naît de l'étroite collaboration entre un riche érudit, pétri de culture antique, l'archéologue Théodore Reinach, et son ami le grand architecte Emmanuel Pontremoli. Ces deux philhellènes caressent le rêve de reconstituer une luxueuse maison de Délos, en l'adaptant toutefois au confort moderne : le projet débute en 1902 et ne s'achève qu'en 1908, coûtant la bagatelle de neuf millions de francs or à son initiateur... Le mot grec *kérylos* signifie "hirondelle de mer", en allusion à ces poissons volants encore nombreux au siècle dernier sur les rivages méditerranéens.

Certes, la reconstitution antique n'est ici qu'un prétexte pour guider le crayon imaginatif de Pontremoli. La blanche austérité des façades contraste avec la richesse de la décoration intérieure. Si celle-ci s'inspire de près des modèles antiques, tant au niveau des fresques que du mobilier dessiné par Pontremoli et réalisé par l'ébéniste Louis-François Bettenfeld, il n'en demeure pas moins qu'elle s'imprègne immanquablement des influences contemporaines. Et le résultat est un savoureux exemple d'architecture "pittoresco-académique à tendance néo-antique", copieusement mâtinée de modern style.

La pièce la plus étonnante se trouve dans le salon de musique : de l'extérieur, ce n'est qu'un beau coffre en citronnier. Mais, ô surprise, celui-ci se déplie pour se transformer en piano droit portant l'estampille du facteur Pleyel. Car non content d'être archéologue, numismate et épigraphiste, Théodore Reinach était aussi musicologue ; c'est à ce titre qu'il déchiffra à Delphes des signes gravés constituant la notation musicale d'un ancien hymne à Apollon. Son ami Gabriel Fauré (voir aussi p. 50 et 115) le transcrivit en mélodie afin qu'il puisse l'exécuter au piano, indispensable concession à la modernité ! Et c'est sur cet instrument de 1913 que Fauré lui-même eut l'occasion de le jouer lors de ses séjours sur la Côte, ainsi sans doute que certaines de ses propres compositions.

ÉDITION Lucie Fontaine
DIRECTION ARTISTIQUE Isabelle Chemin, assistée de Julie Hiet
Avec la collaboration de Charles Ameline

PHOTOGRAPHIES © Thomas Bilanges

PHOTOGRAVURE Alésia Studio, à Sèvres

Achevé d'imprimer en février 2011 sur les presses de l'Imprimerie Moderne de l'Est,
à Baume-les-Dames, imprimeur respectant toutes les normes environnementales

ISBN 978-2-35179-062-5
DÉPÔT LÉGAL octobre 2009